JN436568

장덕천 희수기념 시집

싸구려와 친구하다

문학사랑시인선 33

오늘의문학사

국립중앙도서관 출판시도서목록(CIP)

싸구려와 친구하다 : 장덕천 시집 / 지은이: 장덕천. -- 대
전 : 오늘의문학사, 2014
p. ; cm. -- (문학사랑시인선 ; 33)

ISBN 978-89-5669-633-1 03810 : ₩12000

한국 현대시[韓國現代詩]

811.7-KDC5
895.715-DDC21 CIP2014023024

| 시인의 말 |

빙어

작고 미천한 물고기에 불과하지만
그대가 좋아하고
오래오래 기억해주는 까닭은
나의 속마음 가시까지 보여주는
이 어리석음 때문

글사랑놋다리집 장덕천

차례

제1부 달빛에 기대어

제2부 단풍나무 악보

차례

제3부 백련을 만나다

제4부 마음의 집을 짓는다

제5부 나는 소리 부자다

제6부 조손(祖孫)의 사랑

제7부 시집평 다시 보기

1

달빛에 기대어

호미

지학의 나이는 호미의 세월이었다.
6 · 25 폐허에서 호구지책을 세우는
시간은 일하기 위해 존재하는 거
자세를 낮추고 허리를 구부려
흙으로 삶을 농사하는
희망에 얼룩진 시간의 발자국
빛과 어둠이 섞인 개울물에
하루의 노동을 씻는
배움의 황무지는 시간의 굶주림이었다

세상은 험한 상처의 노동
땀은 내일을 가꾸는 정직한 꿈이다
시간을 버리는 것은 나를 녹슬게 하는 거
가을 열매에서 시간의 가치를 배우며
한결같은 흙의 사랑 흙의 겸손이
마음과 정신을 키우고 갈고 닦는
주경야독, 꿈의 큰 세월이었다.

들꽃교실

약관의 나이에 들꽃에서 배움을 얻다

푸른 봄빛보다 먼저 개화한
벌금자리며 꽃다지며 작은 들꽃
떫고 매운 세상맛에 향기를 준다
계절에 정직하며 낮은 자세로 피는
들꽃과 놀다보면 마음이 훈훈하다.
내가 먼저 정직해야 세상이 정직하고
내가 먼저 믿어야 세상은 속임이 없고
내가 먼저 사랑해야 세상은 미움이 없고
내가 먼저 낮춰야 세상은 교만하지 않고
내가 먼저 배려해야 삶이 여유롭다
이곳저곳에서 들려와 가슴 적시는
생의 전쟁터에서 쉽게 나설 수 없는
내가 먼저란 지혜의 본질
소꿀이 널브러진 봄 들판에
들꽃은 나에게 친구며 스승이다

바람의 질투

산과 들의 양지에서
진달래 개나리 목련 벚꽃들
나를 미치게 유혹하는데
잔설 묻은 수캐바람
꽃의 암내에 눈이 꽂혔나 보다
봄을 흔들고 쏘다니다
내 봄의 옷깃을 들치고 달려든다.
귀며 코며 무릎뼈를 시리게 문다
꽃에 붙들린 내 사랑을 눈치챘나 보다

꽃 물든 찰라의 봄
막무가내로 이빨을 드러내는
사족을 덜덜 떨게 하는 수캐바람
희수의 춘정春情에 시샘하나 보다

겨울밤

우주처럼 두꺼운
검은 외투 걸친
대청 호반의 적막
달빛만 내 영혼의
가슴에 찰랑거리네.
무덤 같은 오밤중
우주가 어둠에 집중하고
외면 세계는 동안거
공손한 적막에 젖은
견고한 침묵
번뇌의 해탈인가
사상思想이 기일忌日 같은
고희의 밤

해송관음도

이순이 되면서 모든 사물이 관세음이다
서해바닷가 야산은 도량이다
해송도 스님이 되는가보다
부동의 몸으로 합장을 하며
침묵과 고독으로 수행한다.
수평선 물소리에 젖는 염불소리
마음으로 극락을 만들어가며
바람 불러 푸른 향기 베푼다.
생이란 흘러가는 한 조각구름
실체 없는 삶을 위해
마음을 닦는 비구의 미소
나 혼자 감추며 살아온 죄
해송의 불법을 만나
오늘 하루라도 달마승이 돼야겠다.

* 達磨 ; 자연계의 법칙과 인간의 질서를 이르는.

이심전심以心傳心

불혹의 중반에 불의不意의 사고를 당했다.
석고보드에 미라처럼 누워 지내는
눈뜨면 지옥이고 눈감으면 극락
극락을 염원하는 고통에서 참 나를 찾았다

생과 사는 둘이 아닌 하나
세상도 나와 둘이 아닌 하나
눈에 보이는 하루가 사랑이다
고독도 사랑 미움도 사랑 고통도 사랑
햇살 어둠 사람 나무 풀벌레
세상 모든 인연이 사랑이다.

사랑은 싸구려 삶도 친구가 되고
내 입보다 네 입에 식권食券이 되고
생계를 일꾼에게 넘겨주는 나눔이 되어
새소리며 들꽃이며 달빛이며 무명초와
이심전심으로 마음을 나눈다.

죽음을 염원하는 고통에서

생과 사가 둘이 아닌 하나
너와 내가 둘이 아닌 하나임을 알았다.

* 죽음의 문턱에서 내 것이 없음을 알았고, 너와 내가 둘이 아님을 알았다.

달빛에 기대어

지천명에 미물의 울음도 내 울음이다
경칩 지난 샘골 싸늘한 호반가
맹꽁이 한 마리 고독처럼 운다
사랑이 나그네인지
삶이 서글픈 바람인지
맹꽁 맹꽁 맹꽁
어둠이 울음이다

목멘 가슴 풀리도록
울고 싶을 때 우는 너는 참 좋겠다.
삶이란 한순간의 소유물이거늘
외로워 우는 것은 너만이 아니다
둥근달이 호수에 내려앉은 밤
낮은 세상 달빛에 기대어
너의 울음 가슴으로 들어 주고 있다.

속수무책

지천명에
눈의 나이는 이십대
귀의 나이는 삼십대

햇살은 늘 생명의 빛으로 떠오르고
생각으로 저문 어둠은 뜨거운 가슴이다

사랑을 줄 수도 받을 수도 없는
고사목으로 변해가는 근육의 뼈

마음의 나이는 중용인데
근력의 나이는 서녘이다
체념이 경전이다

꽃바람

이순의 세상은 꽃바람이다
청개구리 심보는
겸손한 잘난 체
외로움이 축제처럼
용서 없는 사랑
인색에 나눔을
겸소에 허세를
뒤돌아보는 후회
옹이로 남은 청개구리 나이테
세상이 보는 이순의 속마음은
초심을 가꾸지 못한
참회의 꽃바람이다

해당화

해풍의 백사白沙도 희망을 꺾지 못해요
흰머리 물살도 꿈을 덮지 못해요
운명은 체면과 눈치를 보지 않아요
덕지덕지 달라붙은 이 몸의 가시들
어디에도 위안의 손짓은 없거든요
나 자신을 소중하게 믿기에
마음과 행동을 관찰하며
붉은 미소 짓는 꽃으로 존재합니다

브람스의 자장가 2

지천명에 뻐꾸기 홍얼대는 샘골 숲에서
야석과 창운의 글 사랑으로 만남
흑장미 같은 시절을 시로 가꾸기로 했다
시의 꽃대를 세우는 일에
외로움은 한 잔의 포도주
야석 눈을 빌려 시의 씨앗을 고르고
둔필의 손끝에 줄기 세우고
마른 붓으로 그림 그리듯 꽃을 피웠다

내 생애 가장 뜨거운 사랑으로 키운
여리고 아쉽고 부족한 시의 꿈
속세에서 바보라 불러도 좋다.
브람스의 자장가 이름으로 꿈을 엮어
창운의 손을 빌려 시의 세계에 바친다.
꿈에 다다르는 험한 길의 유혹
욕심처럼 명품으로 가꾸는 일에
남은 세월을 바치기로 한다

구절초

가을의 내 인기는 오드리 햅번

가벼운 바람으로 참사랑 나누고 싶다

세월은 쇠어 단풍 물이 들어도

삶의 소리 눈에 보이고 귀에 들리는

무덤의 시간까지 향기 퍼주는

늙지 않는 참사랑 세상에 나누고 싶다

한세상 마더 테레사 향기로 살고 싶다.

붉은 반측

꽃봉오리가 유치원 어린이 같은
만개한 꽃잎은 활기찬 청년 같은
영산홍 새싹 움틀 무렵에
살충제와 살균제를 혼합하여 소독을 했다
6월이 다가오자 푸르던 잎에 붉은 반점이 생긴다.
이십 여일 만에 온 정원의 영산홍 잎에 붉게 번졌다
약에도 독이 되는 생명이 있기에
규정보다 조금 느슨하게 살포했기 때문이다

사상이 부서지고 있다
세계에서 두 번째 빈국의 1950년
영산홍 푸른 잎 같은 나라에
남로당 붉은 핏빛 물들어가는
전흔으로 생각이 젖어든다
붉은색이 독차지 하려한다.
정견正見 없는 원칙
잎과 나무를 살리기 위해
규정대로 살충제와 살균제를 살포한다.

울릉도에서

도공스님 등에 업혀 호서문학기행을 가다
동해 수십 미터 절벽 위 향나무를 본다
위로는 허공, 아래는 물러설 수 없는 바다
생에 절박한 뿌리의 힘을 본다
해풍이 툭툭 어깨를 칠수록
뿌리는 바위틈을 힘차게 파고들고
바위는 뿌리를 꼭 감싸준다.
깊은 고난에서 삶의 참맛을
강해지기 위해 낮음을 배우는
피할 수 없는 고통에서 느끼며 깨닫는
절벽의 향나무 생을 본다
삶은 고해라는 부처님을 본다.

대천에서

바다 도살장 간판들이 즐비한 해안가
지옥처럼 보이는 횟집 수족관 안에는
비명의 눈빛들이 갇혀있다
광어 도미 우럭 도다리 숭어…
이름도 널리 알려진
바다에서 끌려온 맛의 포로

광어 이름을 불러 값을 흥정한다
찰나에 결정되는 생과 사의 답
바다의 쫄깃한 맛으로
물결처럼 살다 가는
죽음은 슬프지 않은 맛의 휴식이다.

나는 무슨 맛인가
부르지 않아도 오는 죽음
피안의 파문이 무상하다

필요악

가려운 곳 긁어 준다는 것이 상처가 되고
아픈 상처 어루만져 준다는 것이 덧이 되었네.

최선의 사랑이 때로는 증오가 되고
이로운 말 한마디가 독이 된 것을.

보석처럼 사랑한 반송, 누렇게 몸살을 하고
나무처럼 사랑한 반송, 파랗게 싱싱하다

섭수攝受로 살아온 쓸쓸함
그래도 사랑을 붉게 토하고 싶다.

내장산 만추는

단풍나무 치맛바람 세상이다
천연색으로 울긋불긋
병풍처럼 두른 치마폭에
붉고 노란 주황 무늬의 언어들
바람의 요정들이
펄렁 펄렁 치마폭을 흔들면
천년 햇살에 빛깔이 시를 쓴다.
연과 연 사이에는
계절에 풍요한 살살이꽃 관능에
서광이 발광하는 샛노란 비린 향기
빛을 품어내는 늦가을 환락에
눈과 가슴이 감동하는
세상살이 희희낙락이다
내장산 만추는
가을의 시를 노래하는
단풍나무 치맛바람 세상이다

가을비

늦가을 들녘에 가을비 내린다.
누렇게 변한 감잎에 오동잎에
생명이 다하는 잡초에
가을비는
고통이 아물고 있는 눈물이다
그리운 것들
떠날 때 떠나보내는
여유의 눈물이다

낙엽을 적시는 빗소리는
쓰디 쓴 삶을 우리는 소리
지나간 세월의 오미를 추적추적
맛보며 삭혀내며 내공을 쌓는다.
가을비
내 인생의 소꿉놀이에
한 세상 적신다.

소욕지족小欲知足

맹산 늙은 호랑이
사람은 잡아먹지 않고
짐승을 잡아먹는다.
맹산 호랑이 속눈썹을 달고 세상을 보면
먹이사슬이 풍부한
사람의 탈을 쓴 짐승의 세상이다

신도 악마도 없는
채워지지 않는 잔인한 욕심의
맹산 늙은 호랑이 속눈썹 세상
내 삶 안에 탐 · 진 · 치의 삼독을
품성과 품격으로 정진을 해야겠다.
내 마음 밭에 선방 하나 차려야겠다.
비는 골고루 내리고. 미천한
잡초도 양만큼 배를 채우는데.

여생지락餘生之樂

나는 종심의 학생이다
처세에 배워야할 덕목이 너무 많다
독서에서 자연에서 그리고 컴퓨터에서
풀어야할 삶다운 삶의 문제를
자판기부호로 꾹꾹 눌러 물으면
선생님의 칠판처럼 17인치 화면에
해답이 술술 풀려 나온다
따분한 일정에는
시간과 장애가 구속되지 않고
지인과 시와 즐거움 주고받는
지구촌 신비의 풍광이며 문화며 유적지들
고독한 지혜의 가이드역할도 해준다.
세월이 쌓은 품격을 나이의 관념이 허물 때
배움은
넉넉한 하심의 세상을 만난다.
삶의 가치는 마른 꽃이라도
영혼은 마음 공부하는 즐거움에 있다
난해한 것은
늘 복습을 해도 어른으로 사는 문제다.

병주고 약주고

풀은 생각 없이 자랄까
나무는 생각 없이 자랄까
앞마당에
제초제를 먹은 풀이 서서히 죽는다
제초제를 맞은 반송이 서서히 죽는다
소나무를 살리려고 흙을 바꾸고
나무 밑둥에 혈관을 뚫어 링겔을 꽂는다.
풀은 소나무는 지금 무슨 생각을 하고 있을까
눈을 아프게 하는 침묵의 신음소리들.
병주고 약주지 말어요
사람에게도 병 주고 약준 일이 있었는지
생각을 생각하며 참회한다.
풀은 생각 없이 자랄까
나무는 생각 없이 자랄까

2

단풍나무 악보

산수유

새순보다 먼저 봄을 깨운다.
추운 세상 맨몸으로 꽃을 피우는 집념
고통에 맞서는 짱짱한 노란 꿈
누가 알아주든 말든
영원한 욕망으로 빛을 밝히는
맑고 푸른 삶의 등대
지친 발걸음 희망이 되어 준다
짙푸름이 바람으로 늙어가는
세월의 열매 붉게 빛난다.

일상의 번뇌에서 해탈하고 싶을 때
운주산이 품고 있는 뒤웅박 고을에 가자
허공에 출렁이는 효심의 영혼을 만나고
산수유가 길을 여는
어머님 장독 보리심菩提心을 만나자.

* 뒤웅박고을 : 세종시 전동면 운주산 기슭 손동욱 촌장님은 지극한 효심과 더불어 사는 이웃 사랑의 정신으로 '뒤웅박고을'을 조성하고 전통장류 테마공원 전통장류 박물관 등 현대인의 정신문화 공간을 창조하다.

단풍나무 악보

가지마다 잎으로 펼쳐 놓은
알프스산맥의 황홀한 악보를 본다

심산유곡 붉게 지키며
햇살과 바람의 호흡을 맞춘
악보가 참으로 곱고 아름답다

단풍나무는 가을 끝이 아쉬운지
온몸 붉게 빛난다.
(다래술 머루술 마시고 있나보다)

(자신의 삶도 지키지 못하면서)

알프스산장 찬마루에 남루로 앉아
네 황홀한 연주의 빛깔로
생의 허무를 메우고 있다.

금송

잘 보이는 정원 옆자리에 금송이 있다
20여 년 정성을 들여도 키가 1미터 정도다
적송이나 해송 반송보다 더 보살펴도
위에서부터 가지가 말라 붉어진다.
배수며 약물 치료도 효과가 없다
전문가의 치료법에도 알 수 없다
사랑처럼 아끼는 친구인 너에게
운명처럼 찾아온 불치의 병
내가 네가 되어보지 않고
네가 내가 되어보지 않고서도
허물 수 없는 슬픔을 안다
네 몸이 내 몸이듯
측은한 생이 생각처럼 아프다.
너와 나 삶의 집착에서 벗어나
무심無心으로 바람이 되자

장맛이 햇살이네

집안에 부러움을 독차지한 공주로 태어나 슬픔과 한의 세월을 사랑의 그림자로 덮고 산딸기 같은 삶으로 세상에 곱고 붉은 웃음을 나누는 용산면 신토불이 아줌마로 한세상. 6·25 전쟁으로 행방불명된 명문대 아버지의 얼굴이며 유복자 아들을 낳아 3살 5살 남매를 키우다 이별의 짐 이고 신작로를 걸어가는 엄마의 길을 기억할까. 중학생인 삼촌 등에 업혀 개구리처럼 사지를 떨며 엄마를 부르던 눈물이 등을 적시고 내 어린 마음을 울리던 통한의 눈물을 기억할까. 삶과 정의 방황에서 하늘 길을 택한 유복자의 열아홉 애한이 내 가슴 한쪽에 평생 가시로 남아온 세월을 셀 수 있을까. 이별처럼 멀리서만 지켜보는 못난 병신을 작은아버지라고 신토불이 콩과 옻순으로 약이 된다는 된장을 담아 보내왔다. 세월이 소유한 오래도록 지워지지 않는 연민. 살아있기에 사랑으로 살아가는 산딸기 발자국으로 빚은 장맛이 가을 햇살이네. 희극보다 비극이 오래 기억되는 상처 입은 미련이 아름답네.

내안에 예수가 지나가고 부처가 지나가고 속세의 노예에서 해방된 인연들.

겨울밤의 기도

희수의 나이에
밤은 길고 잠은 짧고
하얀 마음으로 권청하는 밤
세속의 소리들 숫눈에 갇히고
생각을 내려놓은
앙상한 뼈대만 남은 영혼의 집
예수님의 사랑 부처님의 자비
탈무드에 마음을 적신다.
가난이 묻은 시간의 뜰
보이는 삶이 전부는 아니지
마늘쪽 같은 그믐달이
어둠의 뿌리를 밀어내고
경전의 글귀들 시간의 층계를 오른다.
권청하는 눈 내리는 밤
번뇌에서 해탈하는 영혼은 즐겁다.

* 勸請 : 부처님께 설법해 주기를 청하는.

거울 세상

이립의 나이 때 거울을 자주 보았다
행동하는 모습대로 비춰주는
거울 앞에서는
웃는 연습도 해보고
앞뒤로 돌며 옷매무새도 단정히 하고
좋은 인상으로 보이는 연습도 했다
웃으면 웃는 얼굴로
화내면 화낸 마음으로
행동 보이는 대로 되돌아오는
거울은
세상과 같은 거.
가끔 물어 본다
나는 누구냐?
허상에서 화두다.

벚꽃

벚나무 아래에서 장자를 읽는다.
세상이 벚꽃 호접몽인가
벽에 붙은 시간에 쫓기는 꽃의 얼굴들
입과 발이 몸살 나도록
한 표의 지분에 매달린다.
세상에 달콤한 말 냄새 날린다.
인격보다 자리가 지위를 세우는
꽃들의 축제 함성
꽃 안에서 짐승냄새가 난다
사월 총선은
위선의 쌀독에 들어앉은 풍요다
세상이 벚꽃 호접몽인가
이해하기 힘든 한자가 너무 많다.

싸구려와 친구하다

고희에 싸구려란 말이 좋아졌다.
나보다 더 가진 것도 없고
나보다 더 배운 것도 없는 삶을
아이처럼 친구하며 살기로 했다.
나를 위해 속된 마음을 성형한다.
나를 낮추고 낮추니 시기 질투가 없다.
길가에 짓밟히는 흔한 질경이며
조팝나무며 개망초 잡초와도 친구를 하니
햇살도 비도 꽃이 된다.
마음의 벽을 허문 열린 세상
버려진 땅에서도 잡초의 씨앗은 여물고 있다.
그냥 싸구려로 살기로 했다.
햇살로 폈다 어둠으로 접는 길 카페에서
한 방울 넋두리 없는 오백 원짜리 커피에
내 허름한 반나절을 적신다.
싸구려에는 처세의 감옥도 자존심도 없다.
사람을 귀하게 여기는
땀방울 닦아주는 바람과 친구한다.
어떻게 사느냐고 누가 물으면 나는 그냥 물이 된다.

* 길 카페 : 폐 고속도로변 포장마차 커피 집

상강고추

사랑이 알알이 박힌 늦가을
노란 씨앗 로맨스의 사랑처럼
탱탱하고 빨갛게 물이 오른 청춘
수천의 천둥 번개 가슴에 품고
아침햇살 같은 사랑을 꿈꾼

풀벌레 허덕이는 세월의 문턱에서
쩌렁쩌렁한 참다운 꿈 하나로
붉게 물들이던 사랑
무서리 내리는 찰나를 알지 못했다.
덧없는 사랑을 알지 못했다.

자장가

불면의 긴 밤을 음악과 동침해요.
음악에는 초겨울 허수아비 같은
외로움을 나누는 생명이 있거든요.
둥근달이 식장산에 올라 건반을 치면
대청호 은빛물살이
'백조의 호수'를 발레 공연합니다.
겨울바람이 지휘하는 나목의 오케스트라
전원. 운명. 레퀴엠. 야상곡…
가지마다 금빛소리로 연주하는
내 안의 교향곡에는 감사 희망 행복 눈물
감동의 하모니가 흐르고 있습니다.
음악은 내 영혼의 동반자
희수의 외로운 밤을 음악과 정을 나눕니다.
디지털보다 아날로그의 정을 좋아 합니다.

* 나에게 음악은 참삶의 의미를 설계했다. 인켈(음악)을 즐거운 마음으로 사람의 감정에 실으며, 모범 납세자 상. (대전지방국세청장상) 모범 대리점 상. 전국 최우수대리점상. 전국최고경영자상. 청소년 정서 함양을 위한 클래식감상실(오디오월드. 대전미술관) 대전시민의 정서함양을 위한 목판 시 전시(글사랑 놋다리집)는 음악이 내게 준 功成身退의 선물이다.

제주도 친구

고희의 삶에 선비 같은 친구가 있다.
운명으로 인연의 정을 나눈다.
십오 년이 넘은 세월.
고향(제주도)이 그리운
목마른 갈증도 있었지만
보살의 품격을 지킨다.

희로애락을 담담히
침묵하는 잎의 부드러운 여유
단단한 심정을 꽃대로 세운다.

황량한 세속에 곧은 꽃대 하나
은은한 향기 퍼주는
시백 같은 책상 옆의 한란
바깥세상에 눈과 귀가 길들여진 나는
그대 향에 세속의 때를 씻는다.

소리가슴

죄처럼 삶을 옥죄는
구애소리
세월이 촉박하다고
밤낮으로
무명초도 씨앗주머니 하나 달고 있는데
마흔 여덟 삶의 구애 소리
육년의 정을 회자정리
예고된 이별처럼 소리 떠난다.
속내를 감춘 내 고마운 아픔
인연 속에 부자지간으로 엮었던 정
너를 위해 울어주고 기도하는
연기의 소리
그리움의 가슴 지고 떠난다.

주목보석

주목은 내 마음의 푸른 보석이다.
젖비린내 나는 아기 잎은 동자승
푸른색의 화엄으로 세월을 속살거린다.
푸른빛 가부좌의 부처 웃음
관음 세상에 가슴에 새기는 매력이다.

붉은 열매를 염주인 양 매달고
바람 앞에 백팔배의 공덕을 비는
푸른 눈망울 푸른 귀 푸른 입술
천년이 푸른 자비세상이다.

앞뒤 뜰 앉은 채로 선 채로
행복한 상황만 선택하며
늘 내가 먼저 눈길을 주는
동자승은 내 마음의 보석이다.

* 1970년대 세계 일주를 비롯하여 여행과 테니스 고전음악 미술 감상 등 찾아다니는 행복이 사고 후로는 꽃과 나무와 새와 풀벌레 등 자연과 연인으로 보이는 게 모두 행복이다.

글 꽃 세상

늦은 나이에 모범시민 시장 표창장을 수상했다.
시정책 기획실에서 전화 왔을 때
마음의 가난은 거절을 했다.
봉사단체로부터 표창장 수상 때나
대전시 문화상 수상 때나
나는 허수아비 바람이었고
칭찬에 구걸하지 않는 마음은
낮추고 낮은 자리에 핀
얼굴 드러내지 않는 작은 들꽃이었다.

모범은 행동 봉사는 실천,
문학은 문학의 눈으로 읽어야 하는
생각은 마음의 삶이다.
사람살이 카멜레온 빛깔
추악하기에 아름답게 보이지만
꽃은 자기본색의 정직이기에 향기롭다.
글의 세상은 꽃으로 만나야겠다.

* 30여종의 상을 받으면서 한 번도 간청한 상이나 기대한 상은 없다. 늘 수상자격이 없다는 생각뿐. 부족하고 부끄러운 마음으로 절반 이상이 거절과 불참과 대리 수상이었다. 일부는 수상소감도 타인이 썼다. 솔직히 한순간 기쁨인 아침 이슬 같은 것들, 소꿉놀이 패 같은 것들. 마음을 흔드는 글 한 줄 쓴 것만도 못한 것들이다.

쓰레기의 기도

슬픈 이름으로 태어났다.

귀도 입도 없고
손도 발도 없다.
한생을 임의 필요를 위하여
귀한 것 천한 것
아름다운 것 추한 것 가리지 않고
몸으로 감싸며 왔다.

우리의 인연이 일회용으로 끝나면
한줄기 바람에 정처 없이 떠도는
나는 고독한 방랑자
떠돌이 남루로 버리지 마시고
마지막 운명들이 함께하는 집하장이나
허물투성이 몸과 쓰레기란 이름까지
추억의 인연으로 화장되어
세월의 무덤으로 남게
참 마음으로 임께 기도합니다.

* 우리도 언젠가는 쓰레기가 되는 것을. 대청호 올레길 쓰레기를 줍는다.

빗소리

빗소리가 가뭄의 귀를 연다.
산을 깨우고 들을 깨운다.
천둥을 뚫고 내려오는
단골손님 같은 낯익은 소리
목 마른 땅이 입을 열고
몸통까지 가뭄이던 밭작물도
빈혈처럼 고개 숙인 꽃모종도
빗소리에 기가 살아난다.
빗물에 흠뻑 젖은 내 하루
웃음이 부족한 세상살이에
운명으로 가슴에 꽂히는 소리
나도 오늘은 비가 되자,
목마른 이를 찾아 단비가 되자.

파도

한 세상
이빨 하얗게 웃고 살자.
삶이란
어차피 물거품인 걸.

낙엽

바람의 등을 홀로 빌려 타고
단풍길 따라 꽃으로 여행하자

생과 사는 욕심으로 안 되는 거
탐심을 비운 파란 하늘이 극락

삶의 의미가 빛으로 여문
풍상에 갈고 닦인 나는 바람나그네

그리움이 이별이 되는
바람을 타고 가는 가을나그네

산당화

너는 가시를 감추려 꽃으로 하늘을 가리지
밤이슬로 울 줄 알고
아침햇살로 웃을 줄 아는 감성도 있지
바람 앞에 혼자 고립되지 않으려는 몸부림
새들이며 동물을 사랑하지
고장난 신호등 같은 네 감정
사람에게만 가시가 되는 네 품성
헛헛한 세상에
혼자라는 감옥의 내 시간에
곁에 있어주는 것만으로 세상이 밝아지고
사소한 바람으로 흔들려도
반쪽 행복을 채워주는 향이 있어 좋다
꿈은 잔인하지만 공평한 거
너와 나의 인연은 배려와 용서와 인내
고통의 가시에서 피어난 꽃이다.

오월단오 창포에게

떠날 테면 떠나거라.
척박한 삶에서 너는 나의 꿈이었지
네게 필요한 빛과 물을 위해
부족한 헌신을 다했지
삶은 운명이 아닌 선택인 거
한세상 살다보면
햇살도 찬 서리도 만나듯이
사랑이 깊으면 순간의 아픔도 깊지
조건 없는
바램 없는 사랑이기에
미움도 아픔도 남지 않는구나
아름답게 꽃도 피웠고 열매도 맺고
웃을 때 같이 웃고 울 때 같이 울던
목숨처럼 사랑했던 꿈
가혹한 미련, 따스한 가슴으로 보낸다
비바람에 흔들리며 피운 꽃
회한의 눈물 내려놓고 떠날 테면 떠나거라.

추일서정

단풍이 그림을 그리고 있다
다이너마이트 터지는 알프스산맥 불꽃
스톡홀름 노벨 축포
히로시마 아인슈타인 원폭
이산가족 눈물처럼 쏟아지는 김일성 포화砲火
기암괴석을 태우는 한계령 노을빛
오색 불길로 치솟는 잎의 양심 화형식
가을을 화판삼아 그려놓은 단풍의 광기는
세상을 웃고 울리는 감동의 그림이다
그림 속으로 들어가 몸을 태우고 싶다
감동이 불타는 시가 되고 싶다
선들바람이 능선에서 가을을 흔들고 있다
만추의 한계령에서.

청문회

이른 봄 단풍나무 한 그루 대문 앞에 옮겨 심는다.
높이 이 미터 둘레 삼십 센치
한 계절 정원을 붉게 색칠하던 나무
흙으로 감춰진 뿌리를 파낸다.
한 삽 한 삽 흙을 벗길 때마다 드러나는
땀과 눈물의 앙칼진 삶의 흔적
나무의 세력만큼 땅을 차지한 뿌리
잎의 수만큼 잡초의 햇살을 빼앗고 있다.
청문회 눈을 빌려보면
넓게 뻗은 뿌리는 부동산 투기며
하늘을 가린 잎은 잡초의 권리 침해다.
세상은 너와 나, 서로 다르기에 존재하는
세상살이 이현령비현령인 것을
세상을 읽는 나무의 길을 옮겨 심는다.

* 지지대에 바람의 보호를 의지하는 나무를 보며 나의 존재를 생각해 본다. 세상에 대한 배려와 삶의 여백으로 긍정의 눈으로 살았는지 부정의 눈으로 살았는지 이번 글 청문회 받으면 좋겠다. 가까운 눈으로 볼 것인지 먼눈으로 볼 것인지 희수의 방청객으로 참 재미있겠다.

내가 주책인가

시집원고를 출판사에 넘기고
허전한 마음에
시민대학 고전음악 감상 반에 등록했다.
첫 시간의 감상 곡은 피겨가 사랑한 클래식
카르멘. 미스사이공. 투란도트. 오페라와 뮤지컬
김연아의 피겨 곡에 삽입된 감상이었다.
훌륭한 내부 설계와 음향기기가 감동을 주지 못한다.
감상이 끝나고 강사님의 건의나 질문시간에
의자의 배치와 비디오의 초점과 음향에 대해
내가 겪은 경험에서 건의를 했는데
동조하지 않는 수강생과 불만이면
나오지 말라는 강사님의 말씀
잘 꾸며진 장소에 좋은 음향기기 영상자료가
감동의 경험은 길을 찾지 못하고.
늙은이의 주책으로 만들고 있다.

* 많은 시민대학 수강생 중 늙은이와 장애인은 나 혼자인데다 음악 감상 반은 4-50대의 여자주부 10여명과 60대 초반으로 보이는 여자 두 분으로 가슴으로 느끼는 감동보다 신기함만 느끼는 것 같았다. 한때 대전을 빛낸 오디오월드를 만든 이 늙은이의 경험은 주책이 되었다.

3

백련을 만나다

백련 1

그대를 보며 시를 쓰는 이유는
여름 축제를 위해서도 아니고
시 쓰는 재주가 있어서도 아니고
시가 미치게 좋아서도 아니고
시인의 명예는 더더욱 아니다.

내 체력의 한계로
시 쓰는 일이 최선이기 때문이다.

남은 세월 시로 곰 삭이는 맛
좋은 맛 낼 수 있다는 꿈으로
삶을 즐기기 때문이다.

백련 2

세상이 온통 썩은
냄새가 나도

이 몸 자비로
한생을 마감하리라.

백련 3

세상이 마음과 부딪힐 때
백련은 관세음觀世音의 거울이다.

귀에 새소리 바람소리 묘음妙音의 여유가 있나요
마음의 때를 씻나요.
내가 나를 속이지 않나요.
시간이 스승인 줄 알고 있나요
마음의 문을 활짝 여나요.

욕계를 내려놓는 백련 관세음
나를 살피는 거울이다.

백련 4

그대는 내 마음의 보살승
진실 없는 말은 하지 않네요.
생각 없는 말은 하지 않네요.
관계 없는 말은 하지 않네요.
귀를 가까이 대도 말이 없네요

말할 수 있는 말도 말하지 않고
참기 힘든 일도 참는 원효스님처럼
입을 무겁게 지키며 말이 없네요

십자가나
종宗자의 탈을 쓴 정치 말에도
한마디 내일이 보이는 말이 없네요.
침묵으로 하는 말, 마음으로 들어요.

백련 5

웃는 얼굴로 살래요
밝은 마음으로 살래요
겹겹 고운 향으로 살래요
열정을 추구하는 꿈으로 살래요
환경에 만족하며 살래요
품격 있는 풍요로 살래요
기쁨 있는 가난으로 살래요

향기 나는 꽃의 길
화엄으로 살래요

백련 6

마음을 꽃으로 디자인하자
자유는 고독을 사랑한다.
흙탕물에서 자란 꿈
소유나 명예나 권력의 욕망이 물이다
여치소리 매미소리 묘음에 하루가 젖고
장맛비에 햇살이 연인처럼 감사하다
별빛 명상에 시상이 떠오르고
누가 알아주든 말든 시향을 품고 산다.
조개의 상처가 진주가 되듯
세상에 부딪히는 마음의 상처를
꽃과 향기로 디자인하자

백련 7

한여름 연꽃마을에서 맹자를 보네
나이 많음을 개의치 말고
지위가 높음을 개의치 말고
형제의 세력을 개의치 말고
덕을 가려 벗을 사귀어라

그대와 나 마음이 아름다운 친구하자
희수의 나이라, 옳고 그름 시비 없고
삶이 잡초라, 낭만이 귀천 없고
교수 아우 의술이라, 세력 없어 걱정 없고
내 이름 가운데 덕을 가려 친구하자

시시한 시간은 없다
하루하루가 일생 일생인 것을.
속내를 마음껏 털어 놓는
사유의 유희로 친구가 되자
마음이 아름다운 친구가 되자

백련 8

자기를 보는 눈을 뜨기 위해
그렇게 오랜 시간 봉오리로 머물었나요.

세상을 보는 눈을 위해
그렇게 곧은 자세로 서있나요

이웃을 보는 눈을 위해
그렇게 활짝 웃고 있나요

마음으로 피어내는 연꽃 세상
삶이 아름답거든요.

백련 9

흔적에 미련을 남기지 않아요.
생사에 연연하지 않아요
살아가는데 몇 모금의 물이면 족해요
작은 벌레소리도 소중히 들어주며
광음光陰 세상에
오늘의 향기로 살래요
세상이 염원하는
무명을 밝히는 등으로 살래요.

백련 10

사람들이 좋아하는 까닭을 알 거 같아요.
새벽부터 카메라를 들고 모여드는
연을 흠모하는 사람들, 작가들.

태양이 금빛노래를 마칠 때까지
렌즈의 가슴에 찰칵찰칵 시선을 맞추는

흙탕물이 키워낸 우주의 우아함
세상 천리 함께하는 은은한 향
진리를 깨우치는 순백의 향연

색즉시공의 불법佛法이
베푸는 자비심 때문이라는 것을.

* 色卽是空 : 현실의 물질적 존재는 모두 인연에 따라 만들어진 것으로서 불변하는 고유의 존재성이 없음을 이르는 반야심경에 나오는 말.

백련 11

내가 이곳을 좋아하는 이유는요
금수강산 대청호를 친구로 하지요
산들 바람이 손님처럼 찾아오지요
해와 달과 들꽃으로 사는 법을 배우지요
오염된 삶의 영혼이 정화되며
편견 없는 세상이거든요
밤이면 풀벌레가 귀거래사를
암송하는 연꽃마을 글사랑놋다리집 이거든요

* 歸去來辭 : 중국진(晉)나라의 도연명(陶淵明)이 지은 사부(辭賦). 405년에 팽택현 현령이 되었으나, 80여 일 뒤에 縣을 버리고 고향으로 돌아갈 때 지은 것으로, 자연과 더불어 사는 전원생활의 즐거움을 동경하는 내용.

백련 12

그대 앞에 서면 내 마음에 사랑이 피리
맑은 호수 같은 순백의 순결
별처럼 수줍은 지고지순한 눈빛
보름달 같은 활짝 웃는 얼굴
백장미보다 보드라운 흰 살결
박꽃처럼 조용한 침묵의 언어
가슴으로 느낄 수 있는 그대와 나
천년 연기緣起의 인연인가
희수의 내 가슴에 와서 그리움이 되는
그대 앞에 서면 내 마음에도 사랑이 피리
그리고
그대에게 읽어줄 사랑을 쓰리.

백련 13

끝없는 욕망의 향기로
벌과 나비 인연의 춤에
외로움이 무언지 모르지
그리움이 무언지 모르지
슬픔이 무언지 모르지
기다림이 무언지 모르지
사랑이 무언지 모르지

꽃 지고 초라해지는
가을 낙엽이 되기 전엔
그대는 인연이 무언지 모르지

백련 14

추운겨울을 참았기에 아름답구나.

진흙탕에서 핀 꽃이기에 더 향기롭구나.

모진 바람 견뎠기에 더 꿋꿋하구나.

알량한 자존심의 포기와 인내의 힘.

어제의 고통이 오늘의 영광임을 알겠구나.

백련 15

부처의 등 하나 달고 살지요
법락法樂으로
인연에 연연하지 않아요
생각이 달라도 외롭지 않아요
상생의 고통이 즐거운
생주이멸生住異滅의
소원 없는 종심으로 살거든요

* 생주이멸 : 모든 사물이 생기고, 머물고, 변화하고, 소멸함.

백련 16

불법佛法의 꽃으로 수행 한다.
움켜쥐고 있는 향 나누고 있다.
들꽃 중의 꽃이라며 자세를 낮춘다.
과거의 연민에서 벗어나고 있다.
찾아오는 바람에 따뜻한 눈길을 준다.
자신을 다스리는 마음을 키워준다.
살맛나는 세상이라고 믿음을 준다.
세속의 번뇌를 풀고 있다.
자비와 사랑의 씨앗을 가꾼다.
세상에 피해주지 마라
존중하라
덕분입니다
인자한 부처님 동근얼굴의
성담스님 설법을 본다
꽃에 앉아 꿀을 빠는 벌을 보며
덕분입니다. 덕분입니다. 덕분입니다
눈이 듣고 귀가 말한다.
오늘 내 마음속에 성담스님이 계신다.

* 성담스님 : 충남 금산군 군북면 보광리 332-1 조계종 효심사 주지스님

백련 17

내 삶의 가치는 꽃대 하나 키우는 일이다.
몸과 마음을 관찰하는 관음의 꽃
자유로운 지혜로 나를 사랑하는 꽃
복 짓는 일에 미소와 향을 바치는 꽃
열광하는 삶보다 한결같은 삶의 꽃
작은 것에 만족하며 세상의 주인으로 사는 꽃
새의 소리도 가려 듣고
바람의 소리도 가려 믿는 꽃

어둠도 겨울도 노년도 여유로운
마음 쓰는 법을 가르쳐 주는 백련
내 마음에도 꽃대 하나 심는 일이다.

백련 18

늦가을 연꽃마을
생각의 씨앗으로 서있는 연 꽃대
세상의 모든 것들 바람소리인데
가난과 싸워온 늙은 삭신으로 서있네.

한세상 할 일 다 하고
가을이 새겨놓은 잎 잎의
무늬의 감동을 읽으며
호수를 건너는 석양을 붙잡고 서있네.

희로애락이 생의 본질이라고
시들 때야 사는 맛 좀 안다고
세상사 제행무상諸行無常이라고
천심天心의 보살로 서있네.

수련

한여름에 모네를 본다
색의 본질을 알 수 없는
빛의 환영幻影
눈 밖으로
색으로 말하는 모네

* 잡지에서 모네가 장님이 되어가면서 수련을 천점 이상 그렸다는 모네의 수련을 보고.

연꽃마을 연꽃시

연꽃을 보며 시를 썼다

연꽃 시를 쓰면서
연과 정이 들고 가까워졌다
언제부턴가 내 마음에 정화된
연 물이 들고
연 싹이 자라나고
하얗고 노랗고 붉은 꽃이 피어났다

이제야 알 것 같다
사람들이 나를 좋아 찾는 것이 아니라
내 마음의 연을 보러 온다는 것을.

4

마음의 집을 짓는다

브람스의 자장가 1

1
브람스의 자장가는
아기를 위한 것이 아니다

브람스의 자장가는
어른을 위한 것도 아니다

브람스의 자장가는, 본래
평화주의자를 위한 것이다

2
브람스의 자장가는, 오늘
한송이 수선화 위에 머문다

브람스의 자장가는, 오늘
파랑새의 날개 위에 머문다

브람스의 자장가는, 오늘
말씀의 가슴 속에 머문다.

비창

맨발로 찍어 쓴
어둠의 선율

마디 마디 회색 심상
떼어 실었네

부스럼 세월은
쉼표로 남고

가슴에 치솟는 분수
피 붉은 진실 천지 울렸네

애끓는 교향곡의 선율에
비창이 숨쉬고 있기 때문.

까치

계단 앞에 서면
나의 목소리

오선지에 그려지던
반향음 악상

가고 싶은 곳
지팡이 걸음

높은 언덕, 훌훌
낮은 계단, 깍깍

외로운 이 벗되고
기쁨도 얹어주고

소외되고 고통받는 이에게
희망도 물어오고

층층 계단 반향음
아쉬워라 지팡이 걸음.

또 하나의 다짐

밟아도 되살아나는 그림자 같은 삶
오랜 세월 자갈길 지치게 걸어왔어라
이제 몸은 폐품이 되고
희망은 힘없이 상실의 길에 서고
정신도 새빨갛게 녹슬었는가

홀로 갖는 시간마다 고통은 소생하고
노을의 영접 받으며
그래도 찬란한 시의 세계로 가리라
삶의 애증 모두 버리면서
아름다운 이별에 키스하리라

나무들이 오색 찬란한 가을 만들다
봄을 위해 차가운 임종을 하고
쓰디쓴 긴 겨울 보내듯
밟아도 살아나는 시의 세계 마주보며
그렇게 새 삶을 움 티우리라.

오동잎

어둠 깊은 세상
침묵을 사랑하며
누더기 오동잎 하나
안뜰에 자고 있다

암송아지 뛰놀던
억새풀밭 지나
후두둑 후두둑
앞마당에 빗방울 찾아든다

숨결 고르기 힘들었던
지난날 잠재우고
이승의 오동잎 하나
꿈 속에 살고 있다.

광어회

주방까지 끌려온 바다
흰 거품 토하고

도마 위에서 파도는
난도질 당한다

핏덩이 광어 한 마리
이제는 묵묵히 칼을 받고

비린 숨 내쉬며
바다는 눈을 감는다.

안면도 연가

파도의 여울이 머뭇거리며
가슴 앞에 밀려온다

내 눈에 들어선 푸른 바다
하얀 물방울들이 속절없이 이글거린다

낙조 앞에 서성이던 바람은
온몸에 달라붙고

구름 물고 하늘 날며
갈매기는 노래를 잊었다

꽃지포구는 말없이 일몰에 취하고
어둠은 마침내 할미바위를 껴안는다

열려있기에 분방한 자유
더할 길 없는 평안 속에

밤은 뜬 눈으로
헐벗은 나를 데리고 간다

일엽초一葉草

밤마다
젖어드는 그리움
가슴에 내리는 빗줄기

슬픔의 눈물이
발끝까지 적신다.

삶의 하중이 너무 무거워
몸부림치는
고통스런 몸짓

흐르는 빗물에
아픔을 혼자 씻고 있다.

대나무의 말

내 마음은 비어 있지

채울 것도 없는
비울 것도 없는

허공처럼
가벼운 울림이지

욕심을 버린
넉넉한 고요

언제나 빈 가슴이지

파도

인고의 아픔으로 태어나
쓰라린 소금물에
몸 절이는 한 생애
해풍에 떠밀려 가고 있다.

엉키고 뒤틀리는 세상
높이 솟는 이상만큼
떨어지는 아픔
아픔의 슬픈 나래짓.

멈추지 않는 출렁임으로
푸른 눈빛 울음으로 가고 있다.
파멸의 순간이 올 때까지
무작정 부딪치고 있다.

명퇴자名退者

남루한 마음에
늦가을 대낮부터
찾아온 겨울

앙상한 계절
계절의 폭력 앞에
무릎을 꿇고 있다.

싸늘한 세상
늦가을 햇살이
절망으로 쏟아진다.

사는 맛

한평생
꿀맛 같은 날로 살 수 있나요?
고추같이 매운 맛
땡감처럼 떫은 맛
매실처럼 신맛도 더러 있지요.
때로는 무짱같이 짠맛도
백김치처럼 싱거운 맛도
가끔은 있을 테지요.
이맛 저맛 길들이며
살아가노라면
입맛도 사랑처럼 무디어가지요.
세월의 쓴맛
세월의 단맛
곰삭이다 보면
뚝배기 장맛처럼
사는 맛도 변할 테지요.

질경이

지나온 세월보다
살아갈 세월이 더 힘들다.

세상은
슬픔의 나날들이 꼬리를 물고
입맞춤도 없이 달아난다.

맨몸으로 쏟아지는 햇살
세월의 상처를 부둥켜안고
무소유의 바람
바람의 푸른 영혼으로
고독을 넘어간다.

무더운 여름
참아내는 오기 하나로 산다.

오월의 창

송홧가루 묻어 있는
햇살이
5월의 창을 열면
신록이 피어오른다.

신록에 매료되는
대지의 푸른 설레임.

꽃들의 눈물까지 받아준
초록의 창밖에서
푸른 나뭇가지 기대이는
바람 한 줄기.

석류꽃 불길

낡은 신발을 벗는다

얼마나 많은 빛들이 모여
뜨겁게 불을 지폈는지
얼마나 많은 바람들이 모여
불길을 휩쓸었는지
석류꽃
가지마다 화안하게
번져나가
불타오르고 있다

석류꽃 필 때면
어쩔 수 없는 저 불길 속에
내 마음의 낡은 신발
벗어던지고
하얗게 재가 되도록
타버린 내 영혼을 본다.

마음의 집을 짓는다

집 짓는 일이
마지막 직업이다

풀밭에 수런대는 바람 모으고
하늘이 뿜어내는 뜨거운 햇살도 모으고
어둠 속에서 등불을 켜는 별빛도 모아
기초를 닦는다

영혼의 굵은 둥치를 밀어올려
기둥을 세우고
벽돌처럼 하나씩 하나씩
언어를 쌓아가며
거칠게 돋은 비유의 문장들은
대패질로 곱게 다듬어 낸다

행과 연을 엮어가며
기 승 전 결로 차곡차곡
내 마음의 집을 짓는다

밤새
내 영혼으로 쌓아올린 언어의 사원寺院
한 채
시詩의 나라에 바친다.

전람회 그림

낙산의 새벽을
파도들이 오가며
지키고 있다

나무며 바위들이
깨어나기 시작하는 새벽
바다가 먼 어둠 속에서
아랫도리를 벗는다
붉은 선혈이 서서히 비치며
밤새 품어온
알몸의 해를 밀어낸다

태양의 금빛 머리가
조금씩 드러나고
갈매기들이 파도를 찍으며
해를 불쑥 안아올린다

세상은 온통
생명의 축복으로

환호하고
고요하게 잦아든
바다의 몸을
파도가 씻기고 있다.

마음의 보석

까치집 아래에 살며
바람소리 마음에 담는다.

바람은 보석의 그물이 되어
호수에서 흐느끼는 물살을 건지고
나뭇가지 우짖는 새소리도 담으며
별빛으로 지새운 풀잎을 모은다.

누군가 있어
내 마음의 보석을 내놓으라면
둥근 달 품고 있는 호수를 드리리.

상수리 우거진 그늘 아래
바람에 우는
샘골 아침 장끼소리
덤으로 드리리.

목요일 오후

목요일 오후는
말을 가꾸는 일이 있어
가장 즐거운 외출이다.

정신과 마음을
습작에 담아 주고 받으면
야성의 눈빛이 빛난다.
눈빛 속에는
심오함도 있고 웃음도 있고
미처 깨닫지 못한 언어도 있어
다시 시어로 피어난다.
세상에는
서로의 가슴을 나누며
서로의 말을 가꾸며
정을 쌓는 모임도 있다.

목요일 오후는
푸른 숲과 대화하는
야성의 바람이 된다.

목어

오늘도
눈을 뜨고
기다린다
마음의 모든 것을
다 비워낸
고요함
청정함
평온함
두들겨 깨워
눈 감은 채
어둠을 헤매고 있는
사람들의 눈을
뜨게 하리라.

5

나는 소리 부자다

못질

—개구리

누군가 밤새도록
ㄱㄹ ㄱㄹ ㄱㄹ ㄱㄹ
허공에 못질을 한다

어둠과 함께 떼로 몰려오는
저 별빛처럼 쏟아져 내리는
남사당패 울화 같은
적막을 흔든다

여름밤, 내 불면의 머릿속으로
ㄱㄹ ㄱㄹ ㄱㄹ ㄱㄹ ㄱㄹ ㄱㄹ ㄱㄹ ㄱㄹ
자음의 뾰족한 못들이 끝없이 박히고 있다.

손수건

삶이 나에게 더러움을 주어도
나는 그 더러움으로 춤을 춥니다
나는 한 뼘 남짓 작은 천덕꾸러기 몸
하지만 넓고 큰 것을 부러워하지 않아요
온몸이 쪼글쪼글 구겨지는 시련은 있어도
시련은 마음을 굳건히 해 주지요
비록 주머니 속에 가진 것 없는 삶이라도
힘겨운 사람의 땀과 삶을 나누며
슬픔과 회한의 눈물도 함께 하지요
어느 날 내 삶이 더러워지면
미래를 허공에 빨아 매달고
더럽혀진 세상을 닦으며
고달픈 바람 한줄기 등에 업고
펄럭펄럭 춤을 춥니다.

저녁 파도

탄생은 패배다

한 치 앞을 모르고
하얀 거품을 토하며
부서지는 몸부림으로
시간들의 이랑을 달려온다

이상과 현실이 끝없는 수평선

지고 온 세월
물거품으로 내려놓는다
바다가 몸을 열어준다
황홀한 노을에 박히며
덧없이 왔다 가는 가쁜 숨소리들
탄생은 패배다
패배는 탄생이다.

하안거夏安居

순수한 아기 빛에
눈을 감고 누웠다
고운 우울에 젖은 추억의 바다가
검붉은 상처를 드러내고
애락의 솟대가
은빛 무늬로 서 있다
꿈이 허공의 파도로 떠오른다
깊고 깊은 상념의 파도를 베고 잔다

아기 빛이 세상의 지친 울음을 이고 스물댄다
눈꺼풀이 풀리며 기억의 발자국이 지워진다
푸른 하늘 손잡고 넘어가는 서쪽 구름
한줌의 평화에
세월이 몸 밖으로 투신을 한다.

어둠은 아름답다

어둠은 아름답다
참새 들새 잡새들이
너 잘났다 너 잘났다 시새움도
어둠 속에 가라앉는다
깔짐 지는 김씨 아저씨와
날품 매는 강씨 아줌마의 고달픔도
어둠이 감싸안는다

암내를 흔들어대는 어둠에
홀홀 옷을 벗는 알몸의 별들
동공을 채우는 벌레들의 발정 소리
달콤한 꿈을 엮는다

상처를 털어내며
상처를 끌어안으며
어둠이 어둠을 보듬어주는
어둠은 아름답다.

법당에서

무명無名을 밝히는
등 하나 달고 싶네.

세상의 귀를 씻는 염불소리
내 마음에 거울로 다가와
가슴 뜨겁게 껴안는 불빛이네.

시간이 온통 귀로 열리는 날
내 마음 하루라도 씻어줄
등 하나 달고 싶네.

봄비

봄비가 내린다.
간절한 기다림의 울림
흙의 함성소리
모든 것을 새 옷으로 갈아입힌다.

새잎들의 가느다란 숨소리가 들린다.
연초록 물결이 흐른다.
영혼이 고독하거든
생각을 푸르게 흔들어 보자.

봄비가 내린다.
온몸이 젖인 봄비
삶을 파랗게 티운다.
사는 게 섭섭하거든
나는 누구에게
봄비가 되어 주었나 생각해 보자.

풀벌레에게 밤을 내주고

대청호반에 팔월 여치로 산다.
개구리며 풀벌레들 소리도 시詩로 들린다.
물방울 통통 소리 날 적마다
뜬구름들이 종종거리며 호반을 들락거린다.

물 속에 어려 비치는
아침이슬 같은 초록숲의 눈망울을 들여다보면
수련이 꽃대를 솟아올리고
새들도 초목의 이파리인 양 흔들거린다.

빈 뜰에 도장밥을 찍듯 시를 쓰는 달빛
풍요로워서 쓸쓸해지는 풍경들
마음 푸르게 가꾸며 여치로 사는 세상
생각하는 만큼 세상이 보인다.

가을의 행간行間

단풍이 아름다운 까닭은
단풍잎 속에 가을의 끝이 보이기 때문이야.

불타오르는 기쁨, 빛깔이 낡아가는 슬픔,
단풍잎 속에는 기쁨이 슬픔에게
슬픔이 기쁨에게 보내는 말이 있기 때문이야.

삶의 속내가 잎맥을 따라 번져가면서
저리도 고운 빛깔을 만들려면
마음 가벼이, 마음 가벼이
세상을 버렸음이야.

아무렴, 그리 버렸음이야.

단풍이 아름다운 까닭은
단풍잎 속에 삶의 끝이 무늬지어 있기 때문이야.

나목 앞에서

꽃의 희망은 빈 가지에서 더 빛난다.
가지의 옹이마다 묻어나는 세월의 생채기에서
피어오르는 저 녹색의 눈을 보아라.

한번쯤 모든 인연의 사슬에서 벗어나 보자.
꽃으로 피어났다가 낙화로 사라지고
다시 바람결인 양 꽃으로 태어나는 세상
바람은 서로의 상처에 아픔을 주지 않는다.

사람이 사람으로 만나기 힘든 세상을 살면서
우리도
한번쯤 모든 인연의 사슬에서 벗어나 보자.

바람 따라 바람이 되어 보자
세상이 얼마나 가벼운가,
빈 가시에 피어오르는 눈처럼
다음 세상에는 꽃으로 만나 보자.

꿈이 피어나는 봄밭에서

양지에 앉아 한낮의
햇살을 즐기는 작은 잎을 본다.
잎의 영혼을 본다.

하늘이 푸른 숲이 되고
푸른 숲이 관음보살이 되는
소리 없는 소리를 본다.

나는 소리 부자다

뜰이며 안방까지 채워주는 새소리

꽃과 나무들 움트고 잎 맺고 가지 벋어나는 소리

꽃과 나무들 파란 옷 노란 옷 붉은 옷 벗어던지는 소리

삶의 푸른 소리들 내 안에 가득가득 채워

소리의 눈으로 잠들고 소리의 귀로 일어나는

소리의 세월로 생이 꾸며지는

소리의 시집

언젠가 나도 바람의 소리로 남을 것이다

이 세상 부러울 거 없는 나는 소리 부자다

참 부자다.

대적광전大寂光殿

샘골 봄밤은 법당이다

천정에 초롱초롱 등을 켜는 별들

먼 산길 바랑으로 넘어오는 달빛

게송偈頌을 노래하는 밤새들

시방공十方空에 잠들기 전

반야심경을 읽어대는 무논 개구리들

사바세계에서 내 마음 출가시킨다

샘골의 봄밤은 법당이다.

개망초

누군가를 그리워하며
노란 햇살만을 펴다가
노랗게 안을 채우고
하얗게 밖으로 웃는 개망초
순수한 꿈이 가슴을 채우는
삶이 먼지보다 가벼워진다.

채석강에서

마음의 창을 열어주는
빽빽한 돌의 장서를 보네

더러는 일렬횡대로 서서
더러는 일렬종대로 서서
눈길을 끌어 앉히네

바람과 손뼉 치는
은빛 파도 두텁게 깔고

밤은 깊어
호롱불 같은 달빛 받아서
총총 읽어 내려가는
별들의 독경소리

마음의 창을 여는
글 읽는
소리를 보네.

한계령에서

그대가 나를 한 마리 새로
태어나게 할 수 있다면
때묻은 세속을 벗어 던지고
그대 품으로 날아가고 싶다

안개 속에 숨어 있는 봉우리와 차츰
안개를 벗기는 햇살
절벽 위 나무들의 박수소리와
바람에 속마음까지 내어주는 숲
새소리 여유 있는 시간의 명상
파란 하늘의 살결에
깃털이고 싶다

땅과 하늘이 피고 지며
어둠이
사이와 사이의 경계를 허물어도
영원의 날개를 펴고 싶다.

이순耳順의 뜰

늦가을 뜰에서
마지막 삶의 꽃잎을 사르는
작약을 본다

뜨겁게 달구었던 열정
속절없이 버리고
옥토다, 박토다
제 살아온 세상 탓하지 않고
꼿꼿이 줄기를 세워온
단단한 힘,
뿌리로 옮겨지고 있는
작약의 가을을 본다

저문 계절 앞에서 담담하게
또 다른 삶의 씨앗을 갈무리하는
노년의 모습을 본다.

빙점

안과 밖이 수시로 뒤집힌다

감각을 어지럽히는
갈색 안개 밑으로
모든 것을 버리는 세상은
영광과 눈물이 묻어 있는 빈 껍질

궤도 끝에 매달린
분열된 시간 속에
스스로 위로하며 살다 가는

불사의 운명을
짐 질 수 없는 목마른 감수성
간절하게 삶을 사랑하지만
안과 밖이 수시로 뒤집히는
삶의 후회와 두려움과 환희
우스갯소리와 같은 한낱
내 인생의 빙점.

대청호 올레길

눈이 내리는 날에는 대청호반으로 오세요
파란 호수에는 눈꽃과 물너울의 사랑이 있어요

눈이 내리는 날에는 대청호 올레길을 걸어보세요
솟대처럼 서 있는 연꽃대를 보면서
눈을 하얗게 덮어쓴 목판의 시를 읽으면서
삶이 아름다운 참소나무와 바위의 고요를 만나고
가지마다 널려 있는 산새소리를 들어보세요

눈이 내리는 날에는 대청호반으로 오세요
눈송이의 웃음을 머리에 이고
바람과 춤을 추는 솔숲,
딴 세상 맛보는 하얀 올레길을 걸으세요

눈이 내리는 날에는 시가 있는 숲길을 걸으며
상처받지 않는 사랑,
세상 모든 것이 사랑인
푸른 물의 나라, 대청호반으로 오세요.

귀뚜라미

빛이 허공에서 불탄다
숯이 빛이 고독을 안고
슬픔을 쌓는다

의식을 밟는 어둠이
시간의 공복을 채우며
갈증을 느끼는 정체된 지혜

밑으로 밑으로 깊숙이 가라앉은
희망의 뼈
찌르르 찌르르
찌르르 세월을 비켜 가는.

6

조손(祖孫)의 사랑

친구

아무것도 모르는 나이 스물
살면서 느낀 한 가지
꿈을 위해 진정 필요한 것
친구 하나 꿈 하나

내가 힘이 들 때
나의 길을 알려주는 친구 말고
내가 힘이 들 때
나의 꿈을 알려주는 친구 하나

배를 만들고 싶을 때
많은 시간의 일 대신
푸른 바다의 환상을 심어주면
너 좋은 배가 만들어지듯

나무를 날라주는 친구 대신
바다를 보여주는 친구 하나
시시한 호수 따위가 아닌
한없이 취할 황홀한 바다

그런 친구 하나 꿈 하나

* 세 번째 문단은 생텍쥐페리의 말을 인용.

안녕하세요 할아버지.

오늘 어린왕자 명언을 보고 가만히 앉아 있다 생각나서 쓴 시가 있는데 감히 부탁 하나만 드리자면 혹시 괜찮으시다면 할아버지 시집에 같이 실릴 수 있을까요?

이렇게 한번 적어봤습니다. 아직 한참 부족한 거 같네요^^.

읽어보시고 답변 주셨으면 좋겠습니다.^^

* 장우혁=구리고등학교 졸업(축구선수) 영국 유학중
(父=장경준 문학박사 고려대학교 국문과 교수)

♧ 가슴이 기다리는 편지

— 인터넷으로 영국 손자와 주고받는 즐거움

보낸사람 : 장우혁 14.02.04 00:08

할아버지 메일 잘 받았습니다. 저는 바닥부터 시작한 선배, 후배, 친구들과의 운동부 생활을 하면서 어떻게 악착같이 해야 원하는 목표를 달성하고, 그 목표를 나의 노력으로 채웠을 때, 그 희열은 무엇보다 뜨겁다는 걸 배웠고, 할아버지에게는 높은 사람 뿐만 아니라, 친구, 처음 만나는 사람들에게도 겸손해져야 한다는 것을 배운 것 같아요.^^ 앞으로도 후원자라기보단 저에게 계속 인생 사는 노하우를 가르쳐 주셨으면 좋겠습니다. 그리고 축구부에서는 경쟁하는 법과 살아남는 법, 할아버지께는 겸손해지는 법과, 나의 가치를 높이는 법을 배울 수 있었던 건 모두 어머니, 아버지와 할아버지, 그리고 저의 친구들, 코치, 선생님들의 후원 덕분인 것 같습니다!^^ 할아버지께서 저를 도와주시는 게 기쁘다니 너무 고맙습니다^^. 앞으로도 저에게 많은 가르침과 지식들도 후원해 주셨으면 합니다. 그럼 다음 편지 때까지 건강하게 지내세요~! 사랑합니다 할아버지! (핸드폰으로 메일을 보내다보니 중간중간 오타와 문장이 잘 안 맞는 점 이해해 주세요!)

사랑하는 손자 우혁에게

이렇게 메일이라도 주고받는 마음 참 행복하다.

할아버지는 명절에 우혁이를 한번 안아보는 기쁨이었는데,

언제부턴가는 우혁이에게 업히는 기쁨이었다.

이번 우혁이 못 보는 설은 엄청 허전했지만 잘 있다는 소식에 반가웠어. 우혁이는 참으로 긍정적인 생각과 역동적인 정신, 논리적 사고를 지니고 있어. 우혁이 생각만 해도 대견스럽고 외국에 나가 있어도 마음이 편해.

메일을 읽다보면 문장능력도 열 권이나 저술한 할아버지보다 뛰어나다.

책을 많이 읽게 되면 지식뿐 아니라 지혜스러움이 할아버지보다 더 훌륭한 인격자가 될 거라고 확신한다.

사랑하는 우혁아 식사가 안 맞을지라도 외국 맛을 본다는 기쁨으로 먹다보면 습관이 들리라 생각한다.

객지에서 건강과 운동 잘하고 하숙집 주인에게도 늘 감사한 마음을 가져야 한다. 그리고 친구와 우정이 오래 지속되려면 너무 가까이도 멀리도 적당한 거리 유지가 중요하다.

우혁이는 생각의 폭이 넓어서 대인관계도 잘하리라 생각된다. 외국생활도 잘 적응하는 사랑하는 내 손자 우혁 늘 건강과 행운을 빈다.

할아버지 보냄

공부

엄마의 잔소리를 듣게 하는 공부
공부는 왜 생겼을까?

아빠의 잔소리를 듣게 하는 공부
공부는 왜 생겼을까?

온종일 공부소리 정말 지겨워
공부야 나 너 때문에
힘들어

근데 엄마가 하래
내 맘대로 안 되고
니 맘대로 안 되고

휴~인생 참 힘들다.

놀이터

겨울 놀이터에
어린이들이 몇 명 나올까?
너무 추워서
안 나올 거야.

여름 놀이터에
어린이들이 몇 명 나올까?
무지무지하게 더워서
안 나올 거야

봄이나 가을에 놀이터에
어린이들이 몇 명 있을까?
따뜻하며 시원해서
많이많이 나올 거야

놀이터 혼자 있기
외롭지 않게 말이야

* 할아버지에게 시 쓴다고 자랑하는 예쁜 손녀.
장정윤=가장초등학교 4학년(父 장경민 경영학학사 (주)동곡 대표)

할아버지 저 내일 학교 안 가서 너무 편해영~
할아버지 지금 숙제해야 해서 조금만 보낼게요.
사랑해요~~~

할아버지를 좋아하는 정윤 올림

~~~~~~

사랑하는 정윤에게

정윤아 공부는 하고 싶을 때 하고
공부를 즐겨야 해
예를 들면 모르는 것을 알게 만들어주는 것이 공부거든
그러니 공부가 얼마나 착하고 좋은 거야
공부를 많이 하면 지식도 많아지거든
그러니 놀고 싶으면 마음껏 놀고
하고 싶을 때 하면 되지요.
외국에 여행할 때 외국말이 필요하지(특히 영어)
영어를 알면 혼자 여행도 하고. 공부가 가르쳐 주거든
사랑하는 정윤이는 공부도 잘하고 있어
오늘은 친구와 마음 껏 놀아요.

할아버지 보냄
~~~~~~

7

시집 평 다시보기

□ 1시집 『브람스의 자장가』 서문 / 也石 朴喜宣 시인

차와 돌, 난초와 그림이 담긴 잔잔한 숨결

시인 장덕천, 작품 70여 편에 담긴 너무나 그다운 순수한 오리지날리티, 천진무구 동심의 소출이라고 말하기엔 아쉬움, 그다운 지향점이 분명하게 간직된 가락으로서 피어오르는 정서로서 그려지는 〈동그라미〉 그네 띠 매는 시악시 마음 실가지….

거기에 담기던 알뜰한 음성 진실에 담긴 소박한 호소력, 말을 바꿔 이르자면 잔잔한 호소력으로서 우리에게 여과없이 와 닿을 수 있었던 실내악적인 향음과 그 반주(伴奏)에 따르는 가사와 같이 부담없는 상황 그 자체일 뿐이던 자연스러운 상태의 제시로서 드러나던, 그 같은 자연스러움….

어둠 깊은 세상
침묵을 사랑하며
누더기 오동잎 하나
안뜰에 자고 있다.

암송아지 뛰놀던
억새풀밭 지나
후두둑 후두둑
앞마당에 빗방울 찾아든다
숨결 고르기 힘들었던
지난날 잠 재우고

이승의 오동잎 하나
꿈 속에 살고 있다.

—「오동잎」 전문

오동나무는 상상의 새이며 꿈으로 새겨지는 이상세계라는 영광의 상징으로 그려지던 봉황(鳳凰)이 찬란한 깃 사리고 둥우리 틀 수 있었던 맑은 가락 빛나는 소망을 표상하던 나무이자 그같은 열림의 세계를 나타내던 음악, 연주 나무이기도 하였다.

이같은 오동나무 또한 거기에 등장하는 네 발굽 간직한 짐승 송아지와, “후두둑 후두둑” 앞마당에 빗방울 듣는(뿌려지는 소나기, 시초의 상태) 소리 함께 나타난 한 장면의 전개 상황 “억새풀 뛰놀던 암송아지” 저 네 발굽 알뜰한 모습 앞마당 둘레라는 커다란 보람으로서 드러난 활성 짚어지던 한 때의 축복 어떤 말을 더 보탤 여지가 있었으랴? 〈일부 발췌〉

□ 1시집 『브람스의 자장가』 작품해설 / 김용재 시인

운명과 어둠의 깊이를 맛본 의지력의 승화

장덕천 시인은 흔한 말로 잘 나가는 상인이었다. 소리의 세계를 경영, 또는 점령해나가는 당당한 인물이었다. 그러던 어느날 그는 뜻하지 않게 윤화(輪禍)를 당하며 비극적 인생의 분위기에 휘말린다. 처음에는 그렇게 큰 운명의 전환으로까지 생각하지 않았다. 그러나 세월이 지나면서 그에게서 윤화의 흔적은 좀처럼 사라지지 않고 오히려 악화일로의 입장이 되어버리고 만다. 만방으로 다 처방을 해도 원래대로의 모습을 비슷하게나마 회복할 길은 보이지 않은 것이다. 몸을 지탱해 주는 척추에 크게 이상이 생겨 남의 힘을 빌지 않고는 일어나지도 못하고, 일어나서도 평평한 길을 조금밖에 걸을 수 없는 상태가 된 것이다. 계단이나 턱진 곳, 높은 곳 등은 감히 시도할 수조차 없는 몸이 되고 만 것이다. 그 세월만 해도 이제 7년이 넘었다.

계단 앞에 서면
나의 목소리

오선지에 그려지던
반향음 악상

가고싶던 곳
지팡이 걸음

높은 언덕, 훌훌
낮은 계단, 깍깍

외로운 이 벗되고
기쁨도 얹어주고

소외되고 고통받는 이에게
희망도 물어오고

층층계단 반향음
아쉬워라 지팡이 걸음.

—「까치」 전문

까치를 보며 시인은 메아리처럼 울려오는 어떤 소망의 소리를 듣고 있다. 더불어 기쁨과 위로의 음향을 느끼고 있다. 높은 언덕도 마음대로 올라가고 낮은 언덕도 마음대로 내려오는 자유로운 행동의 어엿함을 생각하고 있다. '훌훌', '깍깍', 악구(樂句)의 반복 같은 소리를 통해서 무엇인가 막혀있는 것이 기분 좋게 뚫리는 듯한 사상의 통달과정을 상기하기도 한다. 그러나 지팡이 걸음의 아쉬움이 자신의 처지를 대변하고 있다. 까치의 영상에 반사되어 나타나는 자신의 반향음 악상이 곧 이 작품의 주제를 이루고 있는 것이다. 까치의 소리가 시인의 가슴에 부딪쳐 반사하여 다시 들리는 이 반향의 메아리를 들으며 숙연하게 시인의 면모를 다시 들여다보는 느낌이다. 〈일부 발췌〉

□ 2시집 『책장과 CD롬 사이』 서문 / 임강빈 시인

맑은 심성과 참신한 상상력

누구나 젊어서 한번쯤 시를 생각하고 써 본 경험이 있을 것이다. 그래서 시인의 길에 들어서는 경우도 있지만, 대개는 얼마쯤 하다가 팽개치기 마련이다.

헌데 장덕천(張德天) 시인의 경우는 좀 색다르다. 이순(耳順)을 바라보는 문턱에서 시를 공부하겠다고 했다.

처음엔 만류했다.

시가 뭐 대단한 사업이라고 고생을 자초하느냐는 뜻에서였다. 그것 아니라도 얼마든지 삶을 즐길 수 있는데, 하필이면 늦게 사 시에 입문하겠다고 해서 해본 말이었다.

전화로만 통화하다가 직접 만날 기회를 가졌다. 훤칠한 키에 반백(半白)의 신사, 천진하다는 인상을 받았다. 그 자리에서 그에 대해서 조금은 알게 되었다. 윤화(輪禍)로 해서 척추를 크게 다쳐 남의 힘을 빌리지 않으면 기동도 어렵다는 것, 오랜 방황, 그리고 이미 상당 기간 시 공부를 해 왔다는 것들이다. 닥치는 대로 시집을 구해서 탐독했다 한다. 시의 눈뜨기를 위해서이다.

시에는 두 가지 즐거움이 있다. 직접 시를 창작해서 얻는 즐거움이요, 또 하나는 시를 읽는 즐거움이다. 읽는 즐거움으로 족하

면 어떠냐고 건드렸다. 헌데 그것이 아니었다. 이것저것 해 보았으나 시에 매달리는 일밖에는 없었다는 자못 진지(眞摯)한 표정을 하고 있었다. 나는 이 무렵 시를 써보라고 권했다. 시가 구원(救援)이 될 수도 있다는 생각에서다.

> 삶의 하중이 너무 무거워/ 몸부림치는/ 고통스러운 몸짓// 흐르는 빗물에/ 아픔을 혼자 씻고 있다.
>
> —「일엽초(一葉草」의 일부

그의 심성은 맑다. 가식(假飾) 같은 것은 배격한다. 사물을 바라보는 눈이 예리하다. 참신한 상상력을 지니고 있다. 이만하면 시인으로서 떳떳이 설 자질은 충분하다고 생각한다. 끝까지 해낼 수 있을까 하는 나의 생각은 한갓 기우(杞憂)임을 알게 되었다.

그의 시집 『책장과 CD롬 사이』가 출간된다.

아직은 서투를지 모른다. 어설픈 점도 있을 것이다. 이제 가꾸고 다듬는 일은 전적으로 본인의 노력 여하에 있다.

장덕천(張德天) 시인은 늦게나마 시쓰기를 통해서 잃어버린 자아(自我)를 찾는 기쁨에 빠져 있다. 아무쪼록 더 큰 기쁨으로 확대해 나가기를 기원한다. 〈일부 발췌〉

□ 2시집 『책장과 CD룸 사이』 작품해설 / 리헌석 문학평론가

갈등(葛藤)과 수용(受容)의 미학(美學)

장덕천 시인은 자연에 대한 사랑으로 절망, 슬픔, 질곡, 허무 등을 극복하고 있다. 자연을 통해 얻은 진리로 내면적 갈등을 다스려서 자아의 거듭남을 실현시키고 있다.

장 페롤은 「시는 말한다」 라는 시론시(詩論詩)에서 〈시는 돌을 쪼개는 서리요, 불이다. 시는 돌 틈바구니요, 또한 틈바구니의 물〉이라고 표현한 바 있다. 이는 장덕천 시인의 시에 나타나는 거듭남의 매개체 역할을 하는 자연과 어느 정도 연계성을 갖고 있다. 돌은 서리[霜]와 불[火]의 풍화작용에 의해 침식당하거나 약화되기 때문이다. 단단한 돌도 풍화작용에 의해 침식되듯이 장덕천 시인의 견고한 절망, 허무 역시 자연에 대한 따뜻한 시선에 의해 감소되기 때문이다.

지나온 세월보다
살아갈 세월이 더 힘들다.

세상은
슬픔의 나날들이 꼬리를 물고
입맞춤도 없이 달아난다.

맨몸으로 쏟아지는 햇살

세월의 상처를 부둥켜안고
무소유의 바람
바람의 푸른 영혼으로
고독을 넘어간다.

무더운 여름
참아내는 오기 하나로 산다.

— 「질경이」 전문

질경이라는 하나의 사물을 통하여 시인은 현실적 질곡, 그 질곡을 극복하는 과정을 주도면밀하게 제시하고 있다. 기(起)에서의 힘든 삶, 승(承)에서의 슬픔의 나날, 전(轉)에서의 고독 극복, 결(結)에서 도출된 인내 등으로 짜여진 구조는 완벽에 가까운 구성력과 형상화를 보여주고 있다. 그러면서도 시인의 목소리가 실루엣으로 겹쳐진 것은 장덕천 시인만이 갖고 있는 시적 자질에 연유한다. 시인이 이처럼 감정의 견고한 성채를 허물게 된 것은 무소유의 바람 때문이다. 바람의 푸른 영혼을 인식함으로써 절망적 고독을 극복한 것이다. 〈일부 발췌〉

□ 3시집 『수통골 돌밭』 작품해설 / 李炭 시인

패기와 전진, 영혼을 위하여

장덕천 시인이 불교를 믿든 기독교를 믿든, 이들과 관계없이, ㉠정신적 활동 ㉡불멸의 정신 ㉢훌륭한 사람의 혼, 이 세가지를 사용한 것 같다.(종교를 믿으면 더욱 좋다.)

처음 시를 훑어보다가 '영혼'을 발견한 시는 「석류꽃 불길」이었다. 여기서의 '영혼'은 앞에서 말했듯이 나를 골몰하게 만들었던 것이다.

낡은 신발을 벗는다

얼마나 많은 빛들이 모여
뜨겁게 불을 지폈는지
얼마나 많은 바람들이 모여
불길을 휩쓸었는지
석류꽃
가지마다 화안하게
번져나가
불타오르고 있다

석류꽃 필 때면
어쩔 수 없는 저 불길 속에
내 마음의 낡은 신발
벗어 던지고

하얗게 재가 되도록
타버린 내 영혼을 본다.

—「석류꽃 불길」 전문

이 시는 15행 3연의 서정시이다. 문학평론가 유종호는, 우리 나라의 서정시는 13행이 많다(13행이 평균치)고 하였다. 유종호의 말을 빌자면 서정시로서 적당한 길이가 된다고 하겠다.

첫 연은 '낡은 신발을 벗는다'는 1행인데 어떤 신발인지 궁금해진다. 왜냐하면 중요한 의미의 시작을 지닌 신발이기 때문에 첫 행 첫 연에 썼을 것이기 때문이다. 어떤 신발인가 하는 해답은 마지막에 나온다. 석류꽃이 필 때면 자신도 참지 못하여 '마음의 낡은 신발'을 벗어 던지는 것이다. 그것은 곧 화자가 즐거운 마음으로 불속에 뛰어드는 것을 신발로서 상징화시킨 것이다. 또 하나 해결해야만 시가 풀릴 수 있다. 하얀 재와 내 영혼을 '본다'에서 화자의 시각이 어디쯤 위치하고 있는가 하는 점이다. '하얀 재'는 '숭고한 재'로 대치시켜 볼 수 있다. 세상의 모든 사물들을 배제시키고 오직 하얀 것으로 타버린 영혼을 바라보는 것이다. 하얗게 타버린 영혼과 '내 영혼'을 비교해 보는 것이다. 그런데 문맥상으로 나의 낡은 신발을 벗어던지고 불 속으로 뛰어들었으므로 나의 영혼이 이미 타버린 것이 된다. 〈일부 발췌〉

□ 4시집『어둠은 아름답다』작품해설 / 이흥우 시인

山으로의 길 詩에의 길

장덕천 씨는 그 어려운 산으로의 길, 시에의 길을 진지한 끈기를 가지고 한 발 한 발 디디며 올라간다. 성급하게 높이 올라가려고도 하지 않는다. 그저 산을 사랑하듯 시를 사랑하며, 혹은 조약돌처럼 겸손하고 단단하게 한 걸음 한 걸음으로 꾸준히 내딛는다.

> '삶을 사랑하는 사람은/ 높은 곳을 오르려 하지 않는다/ 가슴을 열어 푸름을 가꾸며/ 낮은 곳을 바라보며/ 산새가 산새답게 우는/ 초록빛 일렁이는/ 바람으로 오고 간다'(「산새가 산새답게」 끝련)

산의 초록빛, 산의 아름다움은 높은 곳에만 있는 것이 아니다. 또한 굳이 높은 곳을 오르려 하지 않아도 한걸음씩 걷다보면 차차 발걸음은 높은 곳에 이르게 된다.

이 시집에 수록되는, 그런 산길 같은 시에의 길을 오르는 장덕천 시인의 '산새가 산새답게 우는' '초록빛 일렁이는' '바람으로 오고가는'이라는 시의 말들을 음미해본다. 그리고 시집에 수록되는 시들에서 몇몇 줄씩을 임의로 가려 적어본다. 장덕천 시인이 오른 산으로의 길, 시에의 길의 현 위치를 알아볼 수 있을 것이다.

여름밤, 내 불면의 머릿속으로/ ㄱㄹ ㄱㄹ ㄱㄹ ㄱㄹ ㄱㄹ ㄱㄹ ㄱㄹ ㄱㄹ / 자음의 뾰족한 못들이 끝없이 박히고 있다 (「못질」 끝연. *한하운의 시를 연상하게도 하지만 독자성이 있다.)

'빛이 허공에서 불탄다/ 숯이 된 빛이 고독을 안고/ 슬픔을 쌓는다' '밑으로 밑으로 깊숙이 가라앉은/ 희망의 뼈/ 찌르르 찌르르/ 세월이 비켜가는.'(「귀뚜라미」 첫연과 끝연).

우유, 달걀, 팥, 공기./ 그들의 질투와 시기와 허세로/ 뭉쳐진 내심을/ 나무 젓가락으로 푹 찌르며 삭이고/ 어둡고 습하고 냉한 곳에서 속죄한 다음/ 달콤한 맛과 상큼한 향으로만/ 단단하게 굳어진 몸'…… '나를 버림으로 세상에 살아있는 것들의/ 미소가 되어주는 영혼/ 때때로 그들의 혼을 빨아 마시며/ 어둠의 갈증을 울리는/ 새벽 종소리처럼 / 내 영혼의 갈증을 푼다(「아이스케이크가 먹고 싶다」 2,3연 중에서, *아이스케이크 비유).

'눈도 귀도 입도 없다.// 바람 속에 서면 바람이 되고/ 물 속에 서면 물이 된다.' '물결에 깎이며/ 시간의 껍데기만 단단히 안고/ 둥글게 둥글게 살지만/ 마음을 지키는 마음은 외롭다(「기쁨과 슬픔이」 1,3연)

〈일부 발췌〉

□ 4시집 『어둠은 아름답다』 작품해설 / 신용선 시인

몸으로 나누는 자연과의 화해

시인에게는 이제 추락하는 절망까지도 아름답다. 세상이 너무 좋아 잠도 안 자고 밤새 어둠을 깨우며, 온몸에 신열이 붉게 오르는 것을 감추던 시인이 드디어 '아름다운 어둠' 속으로 들어간다.

어둠은 아름답다
참새 들새 잡새들의
너 잘났다 너 잘났다 시새움도
어둠 속에 가라앉는다
깔짐 지는 김씨 아저씨와
날품 매는 강씨 아줌마의 고달픔도
어둠이 감싸안는다

암내를 흔들어대는 어둠에
훌훌 옷을 벗는 알몸의 별들
동공을 채우는 벌레들의 발정 소리
달콤한 꿈을 엮는다

상처를 털어내며
상처를 끌어안으며
어둠이 어둠을 보듬어 주는
어둠은 아름답다

—「어둠은 아름답다」 전문

어둠은 세상의 온갖 '짓거리'들을 넉넉하게 감싸주어서 아름답다. 어둠 속에서는 누구나 뻔뻔해진다. 속내를 숨김없이 드러낸, 뻔뻔스러운 본래의 사람 냄새는 건강한 나무의 수액처럼 싱그럽다. 어둠은 더운 알몸이다. 암내를 흔들어대는 어둠의 더운 숨결에 견딜 재간이 없어진 별들이 훌훌 옷을 벗는다. 어둠이 진할수록 별이 더 이글거리는 이유가 거기 있는지 모른다.

서로의 상처를 끌어안으며 어둠이 어둠을 보듬어 주는 시인의 에로티시즘이 아름답다. 몸이 갖는 간절한 욕망의 아름다움을 아는 시인이, 단 다섯 줄의 시로 사랑을 고백한다.

> 작고 미천한 물고기에 불과하지만
> 그대가 좋아하고
> 오래오래 기억해주는 까닭은
> 속마음 가시까지 보여주는 나의
> 이 어리석음 때문
>
> —「빙어」 전문

명석한 자는 사랑을 할 수 없다. 자로 길이를 재고 온도계로 열을 살피며, 논리적 이치를 갖다 대는 것은 사랑이 아니다. 푼수스런 사랑이 사랑이다. 아니, 사랑은 명석한 자를 푼수로, 어리석은 자로 변모시킨다. 〈일부 발췌〉

□ 5시집 『풀벌레에게 밤을 내주고』 작품해설 / 리헌석 문학평론가

관음(觀音)을 지향하는 소망의 시학

장덕천 시인의 작품은 현실의 삶 그 자체였기 때문에 읽으면서 쉽게 이해되고, 시의 행간에서 눈을 반짝이는 은유적 실상도 어렵지 않게 유추할 수 있다. 행복했던 시기에 대한 향수를 간간이 펼치기도 하였지만, 교통사고에 의한 신체적 불편, 이로 인한 정신적 고통을 서정적으로 노래하여 애상적 정서를 환기하고 있다.

이제 그를 만난 지 10여 년의 세월이 흘렀다. 그 동안 그는 훌륭한 시를 창작하여, 여러 권의 시집을 발간한 중견 시인으로 자리를 잡았다. 특정 문학잡지와 한국문예진흥원에서는 1년 동안 발표된 작품 중에서 우수작품을 선정하여 문집으로 발간하는데, 그의 작품이 자주 선정되었다. 이와 함께 문학평론가들로부터 호평을 받아 뒤늦게 출발한 그의 시력은 단연 돋보였다.

신체적 불편함을 의지로 극복한 그는 세상을 긍정한다. 아픔과 괴로움이 때로는 시의 제재로 등장하고, 깨달음과 보람도 밝은 시심으로 드러난다. 교통사고의 후유증으로 인해, 다른 사람으로부터 도움을 받지만, 정신적으로 넉넉한 그는 스스로 세상을 밝히는 등불이고자 한다.

무명(無明)을 밝히는
등 하나 달고 싶네.

세상의 귀를 씻는 염불소리
내 마음에 거울로 다가와
가슴 뜨겁게 껴안는 불빛이네.

시간이 온통 귀로 열리는 날
내 마음 하루라도 씻어줄
등 하나 달고 싶네.

— 「법당에서」 전문

장덕천 시인은 불교적 관점에서 시심을 가꾼다. 그의 삶은 유교적 전통에 바탕을 두었지만, 특별한 인연으로 불교와 닿아 있다. 더구나, 그가 시 창작에 집중할 무렵에 만난 분이 야석 박희선 법사, 운장 김대현 법사였고, 생활 속에서 만난 분이 도공 신태수 법사, 무공 김동민 법사였다. 이러한 인연으로 그의 작품은 불교적 색채가 강하다.

앞의 작품에서 보면, 시인은 법당에서 염불소리를 듣고 있다. 그 염불 소리를 들으며 거울로 전환되어, 진실을 투영한다. 이러한 과정을 통하여 시인은 염불소리와 동격으로서의 '등'을 달고자 한다. '등'을 달고 싶다는 것은 자신을 희생하여 세상을 밝히려는 보살행의 발원이다. 〈일부 발췌〉

□ 6시집 『나는 소리 부자다』 작품해설 / 박제천 시인

시심, 천심, 동심이 어우러진 멋과 맛

장덕천 시인은 자연의 시인이라 할 만큼 작품의 대부분을 자연에서 거두고 있다. 이번 시집에도 역시 시를 한상 가득 차려놓았다. 자연에 사는 사람이래야 즐길 수 있는 온갖 꽃과 풀, 자연의 풍광이 보는 이의 눈을 황홀하게 만든다. 그 중에서도 연꽃이 이번 시집의 주역을 맡았다. 지난 시집에도 연이 등장했지만 이번에는 보리수련, 버지라수련, 빅토리아수련, 알비타수련, 가시 수련 등이 대거 등장한다. 연꽃마을 연꽃가족들이 그만큼 늘어난 때문이리라.

> 연꽃을 보며 시를 썼다//
> 연꽃 시를 쓰면서/ 연과 정이 들고 가까워졌다/
> 언제부터인가 내 마음에 정화된/ 연 물이 들고/
> 연 싹이 자라고/ 하얗고 노랗게 붉은 꽃이 피어났다//
> 이제야 알 것 같다/ 사람들이 나를 좋아 찾는 것이 아니라/
> 내 마음의 연을 보러 온다는 것을.
>
> ―「연꽃마을 연꽃 시」 전문

이 작품은 시인과 연꽃의 관계를 한눈에 보여준다. 연꽃을 보며 시를 쓰던 시인이 연꽃과 정이 들자, 마음 속에서도 연꽃이 피어난다는 자연과의 교감이다. 짧은 작품이면서도 기승전결을 다

갖추었고, 이미지 역시 또렷하다. "연물이 들고/ 연 싹이 자라고/ 하얗고 노랗고 붉은 꽃이 피어나"는 과정을 마치 슬로비디오처럼 한눈에 다 보여준다. 군더더기 하나 없이 담백하지만 시인의 마음이 연꽃으로 바뀌듯 읽는 이의 마음에도 연 물이 들고 연 싹이 자라고 꽃이 피어나게 만드는 절절함이 묘미라 할 수 있다. 흔히들 『시경(詩經)』에서 '사무사(思無邪)'의 경지를 말하지만, 시경이 강조하는 대목은 '시즉절(詩卽切)', 풀어 말해 시인의 절실한 마음이다. 이 작품에는 생각됨의 삿됨도 없지만 한 걸음 더 나아가 시인이 곧 연꽃이고자 하는 절실함이 더 큰 울림을 준다.

시인은 사실 근육병이라는 희귀병을 앓고 있기에 요양차 이곳에 터를 잡았고, 무료함과 적막함, 고독감과 같은 병자의 일상에서 벗어나고자 연꽃 키우기에 마음을 의지했던 것이다. 그 연꽃들이 하나 둘 늘어나고 입에서 입으로 전해지면서 사람들이 연꽃을 찾아오지만 시인은 여전히 홀로일 수밖에 없다. 삶의 경계 밖에서 시인을 돌아보자면 더 큰 절망감에 휩싸일 수도 있는 처지이지만 시인은 의연하게도 그 버려지고 잊혀짐을 연꽃으로 되살려내는 삶의 여유, 시의 미학으로 형상화한다. 필자가 시인의 이 작품을 시즉절에 빗대어 말하는 까닭이다. 〈일부 발췌〉

□『대전문학 2006년 겨울호』 조남익 시인

장덕천의 자연법(自然法)

장덕천의 시세계는 서민의식과 자연친화가 두드러진다. 장덕천에게는 천성적으로 지적 오만 같은 것은 보이지 않는다. 그는 중류계급 이하의 사람들, 곧 중소 상공업자, 샐러리맨, 노동자 등의 서민세계가 시의 정신영역을 형성한다. 장덕천 시인은 자연인식의 만유질서를 투시하며 친화적 자연 묘사와 만난다.

가령 「어둠은 아름답다」를 보면 1연에서는 '참새 들새 잡새'가 나오고, "깔짐 지는 김씨 아저씨와/ 날품 파는 강씨 아줌마의 고달픔도" 등 어둠이 감싸 안는 대상들이 나온다. 여기의 '어둠'은 절망이 아니라 포용과 화해인 것이다.

2연은 "훌훌 옷을 벗는 알몸의 별들"로 밤의 사랑, 곧 에로티시즘을 보인다. 시가 난해하지 않으며, 서민의식에 있는 장덕천 시인은 누구나 치숙하고 가까울 수 있어, 많은 독자를 확보할 가능성이 있다.

장덕천의 자연친화는 의식적이다. 앞의 "훌훌 옷을 벗는 알몸의 별들"의 '별들' 같은 표현이다. 사실은 '알몸의 사람'인 것이다. '사람'이 '별'로, 이 한 낱말의 비유가 이 시 전체의 품격을 아주 바꿔놓은 것이다. 비유법 또는 테크닉의 효과이다.

시 「추락하는 절망은 아름답다」는 정서적 쾌락의 절정이라 할 수 있다. 앞의 '어둠은 아름답다'는 단선적인 사고의 아쉬움이 있지만 복합적인 사고력이 돋보인다.

이 시의 자연은 늦가을의 낙엽이다.

> 한낱 낙엽인 것을/ 늦가을에/ 추락하는 절망은 아름답다./
> 또 하나의 태어남을 위해/
> 절망은 단단한 희망을 감싸안고 추락한다.

이 시의 주제연에 해당하는 3연이다. '추락하는 절망'이란 흔히 '패잔의 깊은 상처'로 인식되어 왔다. '낙엽'도 '종말 · 애상' 등의 뜻으로 많이 비유되어 왔다. 그러나 장덕천 시인은 낙엽을 '희망을 감싸안고 추락'하는 것으로 새로운 해석에 그의 시를 세운다. 이것은 시인 장덕천의 진경이며, 또한 그의 구원이 거기 있었던 것이다.

「어둠은 아름답다」 「추락하는 절망은 아름답다」의 시는 장덕천 시인의 시인적 풍향계이며 빛의 발견이다. 정신주의와 시적 테크닉이 성숙한 면모를 보인다. 공자의 사무사(思無邪)나, 시를 관조 달관 영혼 등의 정신적 정점에서 읽고, 시의 가치를 추구해 온 전통적 미학의 본령이 여기 있다고 하겠다. 〈일부 발췌〉

□ 장덕천 수필집 『바람은 흔들림으로 존재한다』 서문 / 윤재천 수필가

인간의 냄새, 그 진솔한 문학적 향기를 위하여

글은 삶의 흔적이고, 미래의 지향점을 확인하는 이정표와 같다.

글은 누군가를 위해서 쓰는 것이 아니라 자신의 내면의 소리에 의해서, 그 숙명적 과업을 위해서 쓰는 것이다. 그런 사람들은 기억을 반추하고 무한한 꿈을 꾸며 살아간다.

누구에게나 소망하는 삶이 있고, 가고 싶은 곳이 있다. 그러나 우리들의 기대와는 달리 원하는 바대로 삶이 전개되는 것만은 아니다.

아픔이 존재하고 울분이 쌓이며, 보람과 기쁨을 주체할 수가 없어 환희에 벅차하는 순간도 우리의 삶이 불확실한 상황 속에서 전개되기 때문이다.

장덕천 씨의 글에서 강한 특징은 자기 응시다. 작가는 세상의 여러 모습을 통해 자기의 진실한 모습을 발견하고, 자신의 공허한 심정을 통해 타인의 고뇌와 인간의 번민을 예감하는 예지 깊은 사람이다.

작가는 회갑을 기념하기 위해 그 동안 쓴 글을 모아 수필집 『바람은 흔들림으로 존재한다』를 엮어 또 하나의 자신과 만나고 있다.

자기를 객관화시키는 작업 — 떠나야만이 자기를 만날 수 있다. 문학은 자기 응시만을 위해 필요한 거울과 같은 존재가 아니다. '우리'의 이야기를 만들어냄으로써 그 안에 존재하는 '나'를 발견하는 작업이 문학의 정도(正導)다.

작가는 남다른 역경이 토대가 되어 더욱 진솔하고 생동감 있는 인간의 흔적을 작품 속에 남기고 있다. 얼음 속에 뿌리를 박은 꽃나무가 더욱 붉은 꽃을 피워내고, 폭염을 지나온 나뭇잎이 더욱 고운 단풍을 자랑하듯, 짙은 인간의 냄새로 가득한 그의 작품은 독자를 사로잡는다.

그 동안 힘들여 이룩한 문학적 업적을 바탕삼아 정진을 거듭함으로써 여생을 즐겁고 건강하게 보낼 수 있기를 빈다.

제목「싸구려와 친구하다」를 정하며

나는 지금까지 살아오면서 주위의 도움을 가장 많이 받아온 갚아야할 빚 많은 사람이다. 지금의 행복이 모든 분들의 덕분이다.

직장생활에서는 형제처럼 믿고 아껴주신 손동욱 사장님, 대리점을 할 때는 식구처럼 보살펴주신 인켈의 조동식 회장님, 그리고 한 회사를 꾸리면서는 자기사업처럼 아끼고 열정을 다해주신 직원들, 내 사고에 최선을 다해준 의사 동생과 충대 병원 관계자님들, 장애를 보람 있게 도와주신 도공과 여행을 맛있게 동행해준 동식 군 등등 삶의 굽이마다 도움을 주신 목숨처럼 소중한 인연의 덕분이다.

비굴한 육체에서 참 행복을 느끼게 만들어준 문학. 시집 세 권 분량의 글을 썼을 때 초등학교 4학년 수준이라는 김용재 교수님의 가르침이 없었다면 오늘의 내 시를 만들게 한 박제천 선생님을 만나지 못했을 것이다. 그리고 서울 문학아카데미에서 박제천 선생님으로부터 소개받은 임강빈 선생님. 성찬경 선생님으로부터 소개받은 최원규 선생님. 임강빈 시인님을 통해 소개받은 리헌석 선생님. 그리고 수필을 쓰며 윤재천 선생님을 만나며 문학에서도 참 훌륭하신 선생님들의 덕분으로 너무 행복했다.

마지막 기념시집 제목을 두고 자문 받는 일은 글쓰기보다 더 행복했다.

홍순갑 시인님의 한참 멀었다는 시평에 너무 감사했고 소설을 안 쓰신다는 이진우 교수님의 시 쓰지 말라는 간접화법에 교만에서 참 나를 찾게 해주신 얼마나 좋은 인연인지. 정상순 시인님의 애매모호한 평은 주위가 홍차 맛 분위기다. 제목은 헷갈리게 말씀들 하신다. 임강빈 시인님이 제목을 붙여주실 때 이잠숙 시인님 유수화 시인님 모두 좋다고 하셨는데 리헌석 선생님과 도공스님 육상구 수필가님은 다시 생각해보자고 하신다. 그래서 평소 인터넷으로 안부를 묻는 시인 몇 분에게 자문을 받기로 했다. 늘 어린애 소리를 듣는데. 어린애를 벗어나지 못하는 내 삶 때문에 많은 분들이 도움을 주는가보다. 어른이 될 때까지. 덕분입니다. 고맙습니다. 감사합니다.

* * * * * * * * * *

안녕하세요
무더위에 강녕하시길 빕니다.
한 가지 자문 받고자 합니다.
제가 희수 기념 시집을 준비 중인데
표지 시집 이름을
'싸구려와 친구하다' 로 하고 싶은데
좀 이상한 거 같기도 하구요 헷갈리거든요
선생님의 고견을 듣고 싶어 메일로
안부 겸 인사드립니다.

장덕천 올림

시집 발간과 희수 맞이하심을 축하합니다.
시집 제목은 임 선생 생각대로
[싸구려와 친구하다]도 좋을 듯합니다.
너무 직접적이면 [싸구려가 좋아졌다] 로 간접화해도
좋으리라 생각합니다.
박제천.(시인)

* * * * * * * * *

장덕천 시백님
詩題는 作家의 철학적 사상이 깃들어 있으므로
아무 상관이 없다고 생각합니다.
제 소견으로는 〈싸구려와 친구하다〉 시집으로
결정하면 좋겠습니다. 축하합니다.
2014.7.2. 김창현 올림(시조 동시 시인)

* * * * * * * * *

선생님, 잘 지내고 계시죠?
보내주신 메일 잘 읽었어요.
그 시집에 실릴 시들이 어떤 시들인지 알 수 없어
정확히 판단 내릴 수는 없겠지만,
〈싸구려와 친구하다〉라는 제목이 저는 마음에 듭니다.
성품은 고결하시지만,
세상의 높고 낮음을 모두 포용하시며
세상을 순수의 눈으로 보시려는 선생님의 시 세계를

집약적으로 표현하는 말이라는 걸
금세 알아볼 수 있었거든요.
그리고 새 시집을 출간하심을 축하드려요!
그럼, 즐거운 여름날 되세요!!
윤명옥 드림.(교수, 시인)

* * * * * * * * *

시인님
싸구려와 친구하다
저는 참 좋은데요.
의미도 좋구요.
싸구려와 벗하다
싸구려와 친하다는 어때요?
친구라는 말 때문에 제널해보이면요.
시인님 파이팅!!
고운밤 되세요
보낸사람 : 맑음 14.07.02 08:09 김순안(심리상담교수, 시인)

* * * * * * * * *

무더위에 안녕하시죠?
무심함을 용서하세요.
'싸구려와 친구하다'
영욕의 세월을 거쳐 마침내 도달한 잔 잎사귀 곁가지 다 쳐낸
세한삼우 같은 소탈한 경지로군요.
굳이 흠을 잡자면 좀 천박한 느낌이 들지만

선생님께서
좋으시면 되지 않을까요?
양태의 올림(전원에서 화백, 시인)

* * * * * * * * * *

선생님 건강하시지요?
먼저 희수 축하합니다.
어느새 그렇게 되었나 싶습니다.
희수 기념 시집도 선생님의 삶처럼 맑게 잘 나올 것이라 믿습니다.
제 생각으로는 '싸구려와 친구하다'에서 친구하다는 어감도 좋고 느낌도 좋은데 싸구려라는 단어는 어감도 느낌도 좋은 쪽으로만 해석되어지지 않는 부분이 있으니 좀 더 순수, 소소 밝음, 맑음 그런 느낌의 제목을 찾아보면 어떨까 싶습니다.
물론 문학이란 밝은 면과 어두운 면을 다 포함하지만 제목은 순수하고 맑은 느낌이 좋지 않을까 생각합니다.
선생님!
늘 건강하시고 행복하시길 빕니다.
보낸사람 : 이옥순 14.07.01 20:49(수필가)

♧ 뒷얘기

살다보면 불가사의한 기적도 있다. 나에게도 기적이 찾아와 희수를 맞는다.

마흔아홉에 근육병이라는 청천벽력을 다독이면서 환갑만 살아도 천지개벽인데. 무심(無心)으로 자연과 음악과 책과 인연을 이어가며 경영인에서 문학인으로, 고독을 꽃으로 가꾸는 일, 고통을 사랑으로 가꾸는 일, 들풀과 풀벌레와 동심을 나누는 일 등 나를 존재할 수 있게 한 자연의 후천개벽으로 운명은 선택임을 알았다.

일찍이 봄보리 실루엣에서 절약을 배웠고, 독서로 내 영혼의 가난을 깨우고 이등병 계급장에서 서열과 협동을 배웠고, 독백과 독백 사이에서 생명의 존귀를 알았고, 세상살이에서 배려와 나눔의 의미를 배웠다.

상점경영 20년을 통해 얻은 지식을 글로 쓰고 두 아들(경준 경민)이 감수한 상인(사업에 성공하는 법)은 전국 상점 경영인에게 많이 읽히고 많은 도움을 주었다. 글 쓴 보람으로 행복했으나 수필집이나 시집 상재는 출판 공해일까 가슴 조아려졌다.

내가 글을 쓰게 된 동기는 현대의학으로 사형선고를 받은 후부터다.

지천명의 나이에 교통사고와 불치병으로 움직일 수 없는 몸이 되면서 운명이 나에게 글을 쓰라는 기회를 줬다는 생각에서부터다. 경영학을 전공한 사람이 문학에서 또 다른 삶의 묘미를 찾았다. 간병인의 등에 업혀 서울 문학아카데미 문학사숙에서 시작법과 이론과 실기를 배웠다. 대전 오늘의문학 '목요 품평회'에서 품평을 받기도 했다. 나에게 글 쓰는 일은 마음공부를 하는 고집멸도(苦集滅道)의 일이다.

부모님 모시며 마음 편하신 모습에서 행복했고, 어둠의 밤길에 작은 별빛 운명을 받아들인 숙명은 아름다웠지만. '탐진치'의 중생의 삶을 벗어나지 못한 고뇌가 늦게나마 마음공부의 動機가됐다.

인도의 아슈라마라는 인생을 백년으로 25세까지는 배우고, 50세까지는 자식 기르며 일하고, 75세까지는 수행하다, 75세 넘으면 소멸되는 시기라고 했다. 내 삶의 멘토 스티븐 호킹은 시간의 역사 등 세 권의 저서로 백만장자 부와 명성이 사람을 외롭게 했지만 사형 받은 시간과 싸우는 나는 열권의 책을 출판했지만 무명이기에 사상이 자유롭고 하루하루 외로워져가는 사랑이 너무 소중하다.

하지만 나에게도 알량한 자존심은 있다, 상인과 대리점 경영의 실제. 경영의 책은 5개의 경제 신문에 기사화되어 서점가의 인기 배역이 되고 이코노미지 1990년 1월호에 올해의 인물로 선정되기도 했다.

시를 쓰면서도 2000년부터 2003년까지 4년 연속 발표하는 시마다 삶과 꿈의 엔솔러지에 올해의 좋은 시에 선정되고 덤으로 몇 군데서 문학상을 수상하기도 했다. 미국에 이어 23회 세계시인회의 대판 일본대회(2014.3.25.~3.29)에도 초청 받는 등 한국의 시인으로 외국에서 인정받는 글 쓰는 가슴은 늘 기쁨을 가득 담는다.

문학은 어둠의 삶에 빛의 날개였고 바람의 날개였다. 웃는 가슴에도 빗줄기가 흐르고 흔들리는 시간이 있다. 소꿉놀이 삶 막 내리면 책갈피에 꽂히는 곱게 물든 은행잎이었으면 좋겠다. 이번 글은 희수 맞아 내 세월을 진솔하게 반추해본 삶의 부분 부분이다.

싸구려와 친구하다

장덕천 시집

발 행 일 | 2014년 8월 20일
지 은 이 | 장덕천
발 행 인 | 李憲錫
발 행 처 | 오늘의문학사
출판등록 | 제55호(1993년 6월 23일)
주 소 | 대전광역시 동구 대전로 867번길 52(삼성동 한밭오피스텔 401호)
전화번호 | (042)624-2980
팩시밀리 | (042)628-2983
홈페이지 | http://www.lito77.co.kr(홈페이지)
전자우편 | hs2980@hanmail.net

공 급 처 | 한국출판협동조합
주문전화 | (070)7119-1741~2
팩시밀리 | (031)944-8234~6

ISBN 978-89-5669-633-1
값 12,000원

* 이 책은 ㈜교보문고에서 E-Book(전자책)으로 제작 · 판매합니다.
* 잘못 제작된 책은 바꾸어 드립니다.